Correspondencia comercial de hoy

COLECCIÓN
LENGUA ESPAÑOLA E IDIOMAS

Equipo de expertos 2100

CORRESPONDENCIA COMERCIAL DE HOY

EDITORIAL DE VECCHI, S. A.

En la redacción de esta obra ha colaborado el señor XAVIER ALÀ i AGUILAR, licenciado en Filología.

Editorial De Vecchi, S. A.
Balmes, 247. 08006 BARCELONA
Depósito legal: B. 31.188-1991
ISBN: 84-315-0888-4
Impreso en España por
LIMPERGRAF, S. A.
Calle del Río, 17. Nave 3
Ripollet (Barcelona)

Índice

I
GENERALIDADES

II
MODELOS

I
GENERALIDADES

Introducción

En el transcurso de las últimas décadas, la correspondencia comercial ha cambiado fundamentalmente su carácter y su estilo: de un conjunto de fórmulas pomposas ha pasado a ser un tipo de escrito funcional, sobre todo. El estilo comercial, para ganar en brevedad y en efectividad, en concisión y en claridad, ha ido despojándose de todos los elementos innecesarios.

En el capítulo dedicado a la redacción, se denuncia la inutilidad de las fórmulas pomposas y arcaicas y de los párrafos ambiguos y artificiosos en los escritos actuales. Muy atrás han quedado aquellas frases de salutación y despedida que, hace un siglo, llenaron de abreviaturas más o menos misteriosas las cartas comerciales de fines del siglo XIX. El aire pausado de los años iniciales de nuestro siglo se ha visto sustituido por una imagen de agilidad y dinamismo reflejada en la forma y en la práctica actuales de la correspondencia comercial.

La correspondencia, en la gestión de las empresas modernas, ha visto invadido su campo por los formularios, los boletines, el comunicado interno, la nota informativa o el memorándum. Además, este ámbito peculiar ha sufrido el choque, generado por el desarrollo continuo de la tecnología moderna, con manifestaciones como la telemática y la informática. Es lógico suponer que el cambio, parcial ahora, quizá total a medio y largo plazo, de soporte (del papel al disco magnético) producirá transformaciones en profundidad, no sólo en el lenguaje comercial, claro está, sino en la concepción misma del acto de escribir: ambos medios tienen como características esenciales la provisionalidad y la inmediatez, combinadas con una mayor capacidad de almacenamiento, manejo e intercambio de la información.

En este libro, la idea básica es ofrecer unas páginas que sirvan no sólo como un medio de consulta, sino como pautas para elaborar una correspondencia comercial personalizada, correcta y, sobre todo, eficaz. Cada uno, con un tiempo razonable de práctica, construirá su estilo propio. Hasta tanto no se obtenga, la consulta de un buen libro, preparado con criterio actual, nos permitirá solventar las dificultades que presenta la correspondencia diaria de una empresa.

Para obtener unos resultados óptimos, es importante que, al escribir una carta u otro tipo de texto, se tome como punto de partida la idea clara acerca de la índole del tema que se trate. Si no se conoce el asunto, será imposible expresarse con exactitud acerca de él. Es decir, que antes de elaborar un escrito, habrá que disponer de todos los datos concretos a que debe aludir.

Para conseguir estos objetivos, se ha intentado reunir y organizar un amplio abanico de temas y modelos destinados a abarcar todos aquellos asuntos que cotidianamente obligan a corresponder entre sí a empresas y comerciantes en el mundo entero.

No siempre es posible, en un manual práctico de correspondencia, clasificar de una forma estricta los asuntos que se ejemplifican, y suele ocurrir con frecuencia que algunos se encuentren repetidos en apartados distintos. Una oferta, por ejemplo, lo mismo si es de productos que de servicios, tendrá su lugar natural en la sección que le está específicamente destinada, pero puede aparecer también, por razones obvias, entre las cartas circulares o en las cartas de ventas por correspondencia, y así en muchos otros casos.

Este volumen, por lo tanto, lo mismo ha de tener utilidad cuando simplemente se desea averiguar la forma más adecuada de tratar y exponer un tema determinado, que cuando lo que importa es hallar unas fórmulas o pautas que puedan ser aplicables para salvar las dificultades que se presentan al cursar la correspondencia diaria de cualquier negocio o empresa.

El ordenamiento de los temas responde a los pasos que se dan en el curso habitual de las operaciones comerciales. A los temas clásicos de esta materia (la redacción, los elementos materiales de la comunicación escrita, las partes de la carta y las distintas formas de los escritos comerciales) se añade un capítulo sobre los envíos por correo en que, además de las prestaciones del servicio público de Correos, se tratan los servicios de mensajería y los envíos a través de la telecomunicación (telegrafía, télex y telefax). Los modelos correspondientes a las diversas formas de escritos se ordenan alfabéticamente por temas.

Este libro supone un nivel medio de conocimiento del castellano y, por lo mismo, se han evitado todas las formas léxicas y sintácticas excesiva e inútilmente complicadas: cuanto más sencillos sean los escritos, tanto más eficaces.

Un escrito comercial, sobre todo si es de cierta extensión, es algo que debe cuidarse en todos sus detalles. Nada podrá justificar un estilo descuidado, sin orden en la exposición, en el que se haya empleado un lenguaje fuera de lugar o una terminología ajena a la que corresponde a la actividad a que hace referencia. Menos aún, y bajo ningún pretexto, tienen justificación las faltas de ortografía y los errores de sintaxis. Incluso para una persona de escaso nivel cultural, el hecho de que son tan inadmisibles como las tachaduras y los borrones constituye una evidencia aplastante.

Este último defecto es relativamente fácil de evitar, consultando diccionarios, gramáticas o incluso textos impresos. El anterior, que alude a las cualidades de la redacción, para ser eliminado, requiere en cambio más interés y constancia. A pesar de ello, podemos asegurar que también se encuentra al alcance del lector medio conseguirlo, y es precisamente para ayudarle que ha sido pensado y escrito este libro.

Los nombres y direcciones que aparecen en las cartas, así como las situaciones a que hacen referencia, son todos ficticios. Cualquier coincidencia con la realidad será fruto de la casualidad.

Elementos materiales de la comunicación escrita

El papel

Con mucho, el papel es el soporte (medio material en que queda fijada la comunicación escrita) más importante, incluso en la actualidad, en pleno auge de la informática. Hay que tener en cuenta que el soporte informático, sobre todo en cuanto a tratamiento de textos, es utilizado, por lo menos hasta el momento, más como instrumento de trabajo y como borrador de escritos, que como soporte definitivo de documentos de todo tipo. De todas maneras, es un hecho que, de unos años a esta parte, cada vez son más numerosas las empresas que, por razones de mejor aprovechamiento del espacio, de más facilidad en el manejo del archivo, de mejor disponibilidad de los documentos y mayor ahorro de tiempo en tareas estrictamente burocráticas, trasladan a soporte informático todo su archivo o parte de él, o lo almacenan ya directamente en tal soporte. De todos modos, la mayoría de los envíos de correspondencia diversa se siguen haciendo en el soporte papel.

Los tamaños de papel más utilizados en las oficinas han sido, durante muchos años, el folio (313 por 215 mm), la holandesa (275 por 210 mm) y la cuartilla (210 por 155), pero tales medidas son aproximadas, ya que siempre han variado un poco.

Esta disparidad de tamaños creaba dificultades. Por ello se vio la necesidad de unificar y normalizar las medidas. Con este fin se crearon algunos organismos internacionales, como la I.S.O. (International Standardization

Organization-Organización Internacional de Normalización), la F.I.A. (Federación Internacional de Documentación), etcétera. Se crearon igualmente organismos de carácter nacional, encargados de establecer sus propias normas: en España, el Instituto Nacional de Racionalización del Trabajo publicó las normas U.N.E.; en Francia, las normas N. F.; en Alemania Federal, las normas D.I.N.; en los Estados Unidos, las U.S.A.S., etcétera.

En las normas U.N.E. españolas, el formato básico de papel es el A-4, de 297 por 210 mm, que sustituye al folio. Conviene, por lo tanto, utilizar el papel de tamaño normalizado, tanto en el tamaño básico como en los menores, ya que es más práctico que guarden la debida proporcionalidad.

En la actualidad, todas las empresas utilizan una papelería (*stationery* en inglés, un vocablo que algunas veces se escucha en las imprentas especializadas) con su membrete (nombre, logo o isotipo, señas, etcétera) ya impreso. El *logotipo* es toda plasmación gráfica del nombre de una marca, un título, etcétera, hecho con un diseño especial que se reproduce en los letreros, anuncios, etcétera. Con este membrete basta para saber a qué ramo se dedica la empresa, dónde está situada, cuáles son sus números de teléfono, télex y telefax, cuáles son sus sucursales y sus directivos o gerentes, el número de identificación fiscal, etcétera.

El color del papel será preferentemente blanco, aunque para determinados usos, por ejemplo, para las cartas, puede ser de un color crema o paja muy claro. Para cartas, facturas, albaranes, etcétera, se utilizará papel impreso; en cambio, para borradores, estadillos, copias y demás, será preferible emplear papel blanco, sin imprimir.

Es conveniente que el papel sea de buena calidad, pero siempre en función del uso que se le vaya a dar; así, es recomendable utilizar papel de mejor calidad para comunicaciones exteriores. También el grosor estará en función de la calidad y del uso: no será el mismo para las cartas que para las copias de las mismas.

Existe también la posibilidad de emplear papel reciclado de buena calidad. Su color es un poco más oscuro que el papel convencional, aunque a medida que las técnicas de reciclaje se van perfeccionando, los inconvenientes relativos de este material van siendo solventados. Además, se puede hallar papel reciclado en todos los tamaños.

El sobre

En general, es lo último que se escribe, pero es lo que se lee primero, y de la claridad y corrección con que estén consignados los datos del destinatario depende la entrega de la carta. Es por ello que hay que ceñirse a las normas internacionales de que hemos hablado antes.

En casi todos los países, los datos que se han de consignar en el sobre son los mismos y por el mismo orden:

a) Nombre y apellidos del destinatario, o nombre de la empresa.
b) Nombre de la calle, plaza..., número, número de piso y puerta.
c) Ciudad y número de código postal (cuando lo haya).
d) Provincia (no siempre es imprescindible).
e) País.

No hay que olvidar que estos datos, integrantes de la dirección, deben quedar más o menos centrados en el sobre, es decir, situados en una posición equilibrada, más que colocados en el medio.

Las empresas suelen utilizar un sobre de tipo estándar, cuyas medidas aproximadas son de 22 por 11 cm, o bien 22 por 12 cm, el color debe ser blanco o muy pálido, incluso de color caña o crema, pero no azul, ya que Correos no admite sobres de esa tonalidad. Las otras características determinan una división de los sobres en tres clases diferentes:

a) Sobres con el membrete de la empresa remitente impreso en el ángulo superior o inferior izquierdo.
b) Sobres con membrete o sólo las señas de la empresa remitente impresos en la solapa posterior.
c) Sobres con ventanilla transparente, que permiten ver la dirección del destinatario escrita en la hoja que va dentro. En este caso, el papel de cartas de las empresas o instituciones presenta cuatro pequeños ángulos que sirven para encuadrar los datos del destinatario.

Cuando tengamos que escribir los datos del destinatario en un sobre del tipo (a), o del tipo (b), calcularemos cuál es la línea horizontal central de la cara anterior; en los sobres más corrientes, estará a unos 6 o 6,5 cm del borde superior; a continuación, calcularemos unos 8 o 9 cm desde el borde izquierdo; en la intersección de ambas líneas imaginarias comenzaremos a escribir el nombre y los apellidos; debajo, y respetando la distancia con respecto al borde izquierdo, irá el nombre de la empresa, entidad o institución; debajo, y siempre con el mismo margen izquierdo, nombre de la calle y número, piso, puerta; debajo, ciudad y número de código postal. El nombre y las señas del destinatario se escriben normalmente; el de la población, con mayúsculas y el de la provincia, en su caso, normalmente. Por último, en envíos internacionales, debajo y con idéntico margen izquierdo, el nombre del país; a veces, para destacarlo más, también se puede poner en la parte izquierda del sobre, aproximadamente a la altura del nombre del destinatario.

Cuando el destinatario es el directivo o uno de los directivos de un ente público o una empresa, se suele consignar su cargo en el segundo renglón, por debajo de su nombre: (*Ver Apéndices 1 y 2*)

> Sr. Gerardo Oliver
> Director General de...
> Rbla. Volart, 27
> 08026 BARCELONA

En el caso, poco probable, de que la empresa no disponga de sobres con su membrete o dirección impresos, al escribir el sobre no se podrán omitir esos datos. En tal ocasión, nos atendremos a este esquema general:

— Nombre de la empresa y tipificación mercantil (anónima, limitada, en comandita, etcétera).
— Calle, plaza..., número, número de teléfono, o número de apartado postal.
— Nombre convenido para telegramas.
— Número de télex y telefax.
— Población, código postal.
— País.

Ejemplo

> Fast Data Marketing, S.A.
> Apartado de correos 356 - Tel. 200 43 00
> Telegramas: FADMAR
> Télex: 34557-FADA E   Fax: (91) 205 67 48
> Madrid
> ESPAÑA

Además de lo dicho hasta ahora, tenemos que recordar que, si queremos que nuestra carta sea enviada por avión y esto no está indicado en el sobre, debemos añadir en el ángulo superior izquierdo, preferentemente, la expresión *por avión* o bien *vía aérea*, para que nuestra correspondencia se envíe por ese medio. También deberemos señalar en el ángulo superior izquierdo si la correspondencia es *urgente*, *Express* o *certificada*.

Asimismo, el ángulo superior derecho debe quedar libre para pegar los sellos postales, si utilizamos los servicios de Correos.

Las distintas formas
de los escritos comerciales

Forman parte de la correspondencia comercial todas las comunicaciones que se cursan por razones de negocios o en ejercicio de una actividad profesional, al margen de su extensión y su finalidad. Estas comunicaciones admiten distintas formas y tradicionalmente se clasifican, atendiendo a su similitud, en tres grupos generales: *comunicaciones urgentes*: telegramas, cablegramas, radiogramas y télex; *comunicaciones breves*: volantes, comunicados, memorándums, tarjetas y saludas; y *correspondencia ordinaria*, a la que pertenecen las cartas y las circulares.

Urgentes

Los *telegramas* se cursan a través del servicio telegráfico público, utilizando impresos especiales que ponen a disposición de los usuarios las oficinas de telégrafos. El texto se redacta procurando condensar el mensaje en el menor número de palabras posible. Los *cablegramas* y los *radiogramas*, menos utilizados, se ajustan también a la misma norma.

A tal condensación se debe el uso de formas abreviadas en los nombres de empresas y, además, la utilización sistemática de códigos o claves especiales. Tales códigos, en muchos casos, son particulares, de uso entre dos o más empresas, aunque también existen códigos telegráficos corrientes.

La redacción de un telegrama o cable tiene que ser concisa y, a la vez, no ha de incurrir en ambigüedades; en general, redactaremos un texto normal y luego prepararemos otro, sintético, para enviar.

EJEMPLO

Texto inicial: Llegaremos el lunes 14 de abril y pasaremos allí una semana. Por favor, resérvennos dos habitaciones en un hotel céntrico. Fdo. Manuel Salba.

Texto sintético y definitivo: (*Ver Apéndice 3*)

Todas las empresas dotadas de una buena organización hacen tres copias de cada telegrama; la primera se destina al envío propiamente dicho, la segunda es para el archivo, y la tercera se remite al destinatario del mensaje, junto con una carta que amplía el contenido del mismo; esta última copia recibe el nombre de *confirmación*. En caso de no disponer de la confirmación, en la carta correspondiente se reproduce el texto del telegrama.

EJEMPLOS

Texto del telegrama: (*Ver Apéndice 4*)

Texto de la carta que acompaña la confirmación: (*Ver Apéndice 5*)

Texto del telegrama: (*Ver Apéndice 6*)

En muchas empresas, el telegrama ha sido sustituido por el télex, un sistema que proporciona la ventaja valiosísima de un gran ahorro de tiempo; además de textos y mensajes, se envía por télex una orden de pago, un documento o una letra, por ejemplo. Todas las firmas que disponen de servicio de télex propio incluyen el número en su papelería.

En los últimos años, el télex, a su vez, está siendo desbancado por otro sistema más innovador, el telefax, del que hablamos en el capítulo dedicado a los envíos por correo.

Breves

En todos los casos, se trata de escritos muy breves que tocan un único tema. Algunas de estas formas van cayendo en desuso y son sustituidas, casi siempre, por la simple carta comercial. Hasta mediados del presente siglo, todas estas formas mantenían un área de utilización muy bien delimitada, pero se generaron superposiciones que, a su vez, han dado origen a la desaparición virtual del volante o del saluda, por ejemplo. No obstante, las empresas más tradicionalistas todavía hoy conservan estas formas.

El *volante* se emplea, en la mayoría de los casos, para asuntos de una importancia menor o que quedan expresados en unas pocas frases. Comúnmente circula dentro de la empresa, aunque también se envían volantes a otras firmas. Consiste en una hoja de unos 10 cm de ancho por 20 de largo, con el nombre de la empresa impreso en la parte superior. El hecho de que estos escritos circularan más dentro que fuera de la empresa dio ocasión a un cambio de nomenclatura, la variante llamada *comunicado*, que presenta el aspecto de un formulario dividido en tres cuerpos o secciones: membrete impreso, sector en blanco, destinado al texto en sí, y un pie también impreso.

Para su circulación fuera de la empresa se utilizaba, en casi todas las empresas, el *memorándum*, actualmente en desuso como forma específica de correspondencia y sustituido por la media carta. (*Ver Apéndices 7, 8, 9, y 10*)

Hasta hace poco tiempo, la tarjeta estaba casi exclusivamente limitada al uso de los profesionales. En la actualidad, muchos profesionales al servicio de diversas empresas han incorporado la utilización de la tarjeta al movimiento epistolar de las firmas. Al redactar el texto que se puede enviar mediante una tarjeta —necesariamente muy breve—, se debe tener en cuenta si el nombre impreso valdrá como firma o como encabezamiento.

Ejemplos (*Ver Apéndices 11 y 12*)

La *tarjeta postal* se utiliza sin sobre. El anverso se ocupa con las señas del destinatario y el franqueo, y el texto y la firma del remitente se escriben en el reverso. Se utilizan generalmente para comunicados muy breves y de poca trascendencia. A veces, especialmente cuando se emplean para recibir pedidos, son proporcionadas por la misma casa suministradora, con el nombre y la dirección impresos y un rayado o formulario en el dorso.

El *saluda* es una forma particular de comunicación cuyo uso es muy restringido en la actualidad, reservándose para cuestiones de cortesía: agradecimientos, invitaciones, notas de pésame o de felicitación, etcétera. Se cursan en papel de buena calidad, generalmente en formato equivalente a una cuartilla ordinaria, y llevan impreso el encabezamiento, con la palabra «Saluda» en letras destacadas. El texto se escribe detrás del nombre del remitente; el escrito debe comenzar necesariamente con la preposición *a* y seguirá con el nombre y los apellidos del destinatario y el resto del mensaje, para cerrarse con la fecha. El saluda no lleva firma.

Ejemplo (*Ver Apéndice 13*)

Correspondencia ordinaria

El documento más generalizado en la actualidad es la *carta* ordinaria. Se utiliza para todo tipo de correspondencia y, en la práctica, ha desbancado a casi todas las demás formas de comunicación escrita. En efecto, muchos comunicados que se expresan en unas pocas frases, así como notas relativas a asuntos ordinarios y de trámite habitual, que admitirán ser tratados con un volante o incluso con una tarjeta postal, se presentan como una carta de extensión reducida y se cursan utilizando un papel de formato corriente.

La carta comercial ha de ser analizada teniendo en cuenta que cumple una doble finalidad. De un lado, se convierte en una especie de tarjeta de presentación de la empresa, ya que a través del membrete, de la calidad del papel, de la presentación y la redacción del escrito, se está transmitiendo una imagen. Por otro lado, tiene un carácter contractual que obliga al remitente y, en caso de producirse una discrepancia grave, puede ser usado en su contra por el receptor del documento. Este particular se acentúa, sobre todo, en aquellas cartas que hacen referencia a asuntos de carácter contable, pagos y cobros, ofertas, precios, pedidos, etcétera, sin olvidar que, en no pocas ocasiones, el éxito de un negocio depende por entero de las cartas que se cruzan los interesados.

Las cartas comerciales se escriben generalmente a máquina o por impresora; sólo se escriben manuscritas las circulares publicitarias, para imitar las cartas particulares, y cuando los máximos responsables de una empresa o departamento han de referirse a un tema muy concreto que desean mantener en el más absoluto secreto.

Al mecanografiar una carta hay que procurar hacer un trabajo meticuloso y pulcro. Obviamente, no son admisibles ni las tachaduras ni las manchas. No es difícil acostumbrarse a mecanografiar sin faltas; si es inevitable hacer alguna corrección, hay sistemas bastante eficaces para disimularlas. De todas maneras, con la introducción de la electrónica y la informática en las oficinas de las empresas, estos aspectos han quedado casi olvidados.

Cuando un mismo asunto interesa o afecta a varias personas, y puede presentarse a todas ellas expresado en términos idénticos, se cursa a través de una *carta circular*, nombre que designa la correspondencia que se reproduce por medios mecánicos, a la que sólo se añade el nombre del destinatario.

Las circulares se emplean, por lo tanto, para comunicaciones que deben tener una gran difusión, como las destinadas a notificar cambios de horario, tarifas de precios, traslados de domicilio, convocatorias, constitución o disolución de alguna sociedad, separación de un socio, etcétera; también se hacen con una finalidad más específica, para promover algún producto nuevo o especial, o bien, ventas por correo.

Sólo en ocasiones escasas se contesta una circular y la respuesta no es más que un acuse de recibo. No obstante, aun en el caso de que no se conteste, la circular debe ser registrada y archivada para hacer uso de su contenido en el momento oportuno. En general, este tipo de escrito se remite en sobre abierto, con el franqueo reducido de los impresos. En los casos en que se trata de notificaciones más o menos reservadas (por ejemplo, quiebra, notificación de junta de acreedores, cesación de una empresa), se remiten como cartas ordinarias preferentemente.

EJEMPLO (*Ver Apéndice 14*)

Los tipos de circulares son diversos; otros modelos de distinta temática y estructura se pueden consultar en el capítulo dedicado a «Circulares».

Ofertas de empleo y correspondencia con candidatos

Las *ofertas de trabajo* suelen anunciarse en periódicos de difusión nacional o local, y en publicaciones de carácter técnico o profesional. Muchas empresas confían la confección del anuncio, y a menudo la tarea de seleccionar a los candidatos, a agencias de publicidad y a gabinetes de selección de personal.

El texto de estos anuncios se redacta utilizando un estilo que recuerda el lenguaje telegráfico, muy claro y sencillo. Muchos anuncios están concebidos como cartas brevísimas y, en tales casos, están encabezados con frases de tipo coloquial, usadas para llamar la atención: Si Vd. es experto en informática, LEA ESTE ANUNCIO; Atención, jóvenes de entre 20 y 25 años, u otras similares.

Es importante, sin embargo, destacar los datos que mejor definen las características de la persona que se busca para ocupar el puesto. De esta forma, se tiene la seguridad de que prácticamente todas las respuestas que se reciban se ajustarán a las condiciones exigidas.

Un anuncio de empleo debe contener, especificados o, si se prefiere omitir ciertas puntualizaciones, al menos aludidos, los siguientes elementos:

— Nombre y/o ramo de la empresa;
— empleo o cargo que se ofrece;
— requisitos y condiciones;
— remuneración y ventajas ofrecidas;
— apartado, dirección o teléfono o teléfonos para contactos.

Una vez reunidos estos datos, hay que saber el espacio de que se dispone o determinar el que es conveniente ocupar, según la diagramación habitual del medio de difusión, a fin de que el anuncio sea perfectamente visible. A continuación, hay que decidir cuál o cuáles de estos elementos conviene destacar utilizando, si es preciso, un cuerpo mayor de imprenta. Los datos primordiales de un anuncio son, por este orden, el empleo o cargo y la remuneración. Luego, se divide el resto del texto en dos o más bloques o cuerpos, distinguiendo lo que se exige y lo que se ofrece, separados por un doble espacio interlineal. Y, por último, a pie de anuncio, se sitúan la referencia y la dirección del anunciante.

Los anuncios de empleo generan temporalmente un flujo de correspondencia que conviene despachar haciendo uso de la brevedad y la concisión, empleando un tono directo e impersonal que, sin embargo, no estará exento de cortesía y amabilidad.

Cuando se han recibido todas las respuestas a la oferta, hay que convocar a los seleccionados para realizar las pruebas y entrevistas que se han previsto. Después, se comunica la decisión final al candidato escogido y, si se quiere, también se da una respuesta, que será obviamente negativa, a los demás aspirantes. Esta última puede omitirse si en la entrevista final con los candidatos no se ha convenido, pero es prácticamente obligada en las relaciones con personal cualificado (directivos, titulados, etcétera).

Presentaciones y recomendaciones

El objeto de este tipo de cartas es facilitar el acceso del presentado o recomendado a una persona de su interés, a la cual hay que exponer las razones que justifican la mediación de la persona que firma y las intenciones o necesidades del favorecido.

En sentido estricto, una *presentación* o una *recomendación* no tienen otro alcance que proporcionar una introducción ante terceros. Por esta razón, sobre todo en las relaciones profesionales, se prefiere hoy darles esta denominación, ya que con ella adquieren un carácter más objetivo y menos comprometido.

En este aspecto, recordemos siempre que no debemos aludir de manera vaga a «un asunto», o a «ciertas cuestiones», porque sería caer en una incorrección. La causa específica de la introducción debe quedar bien explícita, a fin de que no se produzcan situaciones incómodas: redactemos un texto conciso y carente de ambigüedades.

Es costumbre entregar la *carta de introducción* al interesado, para que así queden resueltas las formalidades de una presentación; no obstante, algunos de estos escritos se envían, como elemento preparatorio para unas determinadas conversaciones o un negocio de carácter peculiar.

Los escritos de introducción pueden ser muy breves, según la trascendencia del asunto que promuevan o las relaciones que vinculen a los comunicantes. Una simple nota o una tarjeta, redactada debidamente y presentada con pulcritud, en los casos en que sólo se quiere cumplir con una mera formalidad, puede ser más apropiada y eficaz que una carta. Sin embargo, hemos de recordar que tanto la nota como la tarjeta son expresiones mínimas, y que deben utilizarse exclusivamente cuando no corresponde usar una carta, porque el asunto que se deba tratar tiene un alcance menor.

Si, a pesar de todo, se considera oportuno dirigir un escrito de más extensión, es necesario saber hallar el tono más adecuado a las circunstancias, en particular cuando va destinado a una persona con quien se mantiene un trato amigable o frecuente. En tal caso, conviene adoptar un estilo más familiar.

Hay que referirse siempre a las relaciones que unen al firmante con el presentado, a cuyos méritos y cualidades será preciso también eludir. No es aconsejable, sin embargo, ponderarlos con exageración, colocándolos por encima de lo que son en realidad. Cualquier exceso en este sentido sería fácilmente advertido por el destinatario.

Muchas recomendaciones se escriben forzadas por un compromiso que es imposible eludir, e incluso a veces sin que el firmante tenga interés alguno hacia la persona que está recomendando. En este caso, lo procedente será expresarse en términos de extrema corrección y dejando entrever cierto escepticismo. A continuación, para no confundir al destinatario, o si el asunto se presume que puede llegar a resultar delicado, será conveniente dirigirle un segundo escrito justificando lo que ha sido un deber inexcusable y eximiéndole de toda obligación al respecto.

Es costumbre entregar esta correspondencia al interesado en sobre abierto, para que pueda conocer el contenido del escrito y luego entregarla en propia mano. Si existe alguna razón particular que aconseje entregarla en sobre cerrado, se le dará a leer previamente o se le informará con detalle de las razones que se exponen en su provecho.

Informes personales, comerciales y de mercado

Es habitual entre las empresas solicitar y proporcionar informes sobre personas que aspiran a ocupar un cargo o puesto de trabajo, sobre comerciantes y otras empresas que les proponen iniciar relaciones comerciales y también para conocer la situación de mercados en los que proyectan introducirse. Según la índole y finalidad de los datos solicitados se hablará, respectivamente, de *informes personales, comerciales* y *de mercado*.

En el primer caso, la persona que se presenta para un empleo facilitará los nombres de las firmas en que anteriormente haya prestado sus servicios o, en su defecto, de alguna entidad o persona de reconocida solvencia que pueda informar. La empresa, al solicitar esta información, se interesará por los aspectos relacionados con la preparación y experiencia del candidato, con su seriedad y comportamiento en el trabajo y con su carácter y moralidad personal. En general, el demandante debe contar con que obtendrá menos datos de los que solicite, o sea, que optará por preguntar mucho más, para conseguir un promedio adecuado de información.

Los informes comerciales suelen encargarse cuando un comerciante o una firma proponen a sus proveedores la concesión de un crédito o una cuenta, con intención de establecer un flujo de negocios habitual. También se solicitan ante una operación de cierta envergadura y no disponiendo de referencias sobre el interesado.

En los informes relativos a empresas, inversores, comerciantes, etcétera, se trata, pues, de obtener la mayor —y mejor— información posible referida al capital, a la marcha de los negocios, a la regularidad con que son atendidos los pagos, sobre otras posibles actividades profesionales y privadas del interesado y sobre su reputación y moralidad. Es decir, averiguar todos cuantos datos puedan ser útiles para valorar la conveniencia o no de acceder a su proposición.

Si el mismo interesado no ha facilitado nombres de firmas con las que ya mantiene relaciones o bancos con los que opera, la casa interesada en obtener la información podrá dirigirse a un comerciante, a una empresa o a un banco de la misma localidad. Las entidades bancarias no acostumbran, por principio, a facilitar información a terceros acerca de la situación económica de sus clientes, pero pueden hacerlo con todo detalle y extensión por indicación del titular. También suelen responder cuando el solicitante de la información mantiene negocios con el mismo banco.

Las cartas que proporcionan informes comerciales, en particular en el caso de un viajante o de un agente comercial que debe asesorar a clientes o jefes, tendrán que ser muy concisas y objetivas, lo cual no significa que sean poco explícitas. Al redactarlas habrá que extenderse todo lo necesario, para no eliminar detalles de importancia, y a la vez tener en cuenta que cualquier dato o cifra superfluos deben desaparecer del escrito.

Hoy es costumbre que las empresas proporcionen unos boletines o formularios informativos que el viajante remitirá después de rellenar. Estos formularios contemplan situaciones más o menos rutinarias y muchas veces deben ser completados con algún volante, memorándum o escrito anexo.

A veces, la información se solicita a agencias especializadas en la redacción de informes comerciales. Estas agencias suelen utilizar formularios especiales que facilitan a sus clientes, en su mayor parte empresas abonadas a sus servicios. Cuando el usuario necesita obtener determinados datos, remite un impreso cumplimentado, sin firma, y a vuelta de correo recibe la información solicitada.

Los informes de mercado interesan al empresario o comerciante que desean introducirse en una plaza comercial. En estos casos, los datos de más interés son, principalmente, precios de la competencia, situación de la oferta y la demanda, precios, productos y modelos más idóneos para el nuevo mercado, etcétera. Estas indicaciones pueden obtenerse de los propios agentes o viajantes y de mayoristas y detallistas. Para operaciones de gran envergadura, es preferible, sin embargo, recurrir a los especialistas en estudios de mercados.

Las peticiones de información sobre las posibilidades de un determinado mercado deben redactarse teniendo en cuenta la posición del informante, que puede ser persona interesada, ajena a la cuestión o presunto competidor. Es conveniente acudir simultáneamente a más de una fuente de información, a fin de poder confrontar varias respuestas. Para facilitar la tarea de los informadores, cabe la posibilidad de remitir un cuestionario para rellenar, junto con un sobre ya dirigido y franqueado, acompañados de una carta explicatoria, formal, de salutación, y muy escueta.

Cualquier clase de petición de información compromete a quien la solicita a mantener en total confidencialidad las respuestas, incluso en el supuesto de que éstas hayan sido facilitadas por una persona o entidad que el propio interesado haya señalado. Precisamente, al remitir la solicitud, hay que puntualizar si se dirige por indicación del mismo o, por el contrario, sin su conocimiento, especificando en ambos casos que se exime de toda responsabilidad al informante y se le asegura al mismo tiempo una absoluta discreción sobre los informes que pueda facilitar.

A fin de que la persona o entidad a quien hacen referencia los informes solicitados puedan quedar en el mayor secreto, es costumbre omitir el nombre en la carta de petición y anotarlo en un volante adjunto, escrito a mano por un empleado cualificado de la firma peticionaria.

La respuesta a una solicitud de informes, por su lado, debe redactarse en un estilo carente de ambigüedades, procurando que queden contestadas todas las preguntas formuladas. Si la petición de datos es muy extensa, la contestación se puede estructurar en forma de epígrafes o apartados, cada uno de ellos destinado a un aspecto distinto.

Por otra parte, la persona que proporcione los datos, es decir, el informante, debe pensar muy bien lo que vaya a escribir y la forma en que lo hará: tiene la obligación de ser veraz y objetivo, y no podrá dejarse llevar por meros rumores, presunciones o simpatías o antipatías personales.

No es costumbre mencionar en las respuestas el nombre de quien se informa, y sólo se aconseja hacerlo en caso de que las indicaciones sean positivas en todos los aspectos. Al responder a un pedido de informe, el texto debe ser conciso y carente de ambigüedades: sí, se trata de personas recomendables; no, no es una persona de confianza; no le conocemos lo suficiente.

Los rasgos característicos de un informe son:

— Decir sólo lo imprescindible, limitándose a los datos esenciales;
— no mencionar —si es posible— ninguna cifra o sólo hacerlo en el caso de tener la certeza absoluta de que es fidedigna;
— no dar instrucciones ni órdenes, ni siquiera consejos; a lo sumo, se indicará lo que haríamos nosotros, si nos encontráramos en la situación aludida;
— recordar a nuestro corresponsal que la información ofrecida es confidencial y que no nos hace a nosotros responsables de nada.

En la mayoría de los casos, para estructurar un informe, un esquema de trabajo resulta suficiente. Un esquema de trabajo no es más que una lista de los temas principales y secundarios, puestos en orden, que se pretende tratar. Algunos temas pueden indicarse mediante frases o cláusulas; otros, con una sola palabra. La finalidad que se persigue es plasmar las ideas en el papel siguiendo un orden lógico. El esquema de trabajo debe ser sencillo, de modo que no entorpezca el desarrollo de las ideas obligando a preguntarnos si estamos empleando el tipo apropiado de formato. A partir de un esquema bastante sencillo, se puede ver si algún punto importante se ha pasado por alto, y si la reestructuración del material podría resultar beneficiosa. Causa muchos menos problemas alterar el orden en que se presentan los diferentes aspectos del argumento antes de haber comenzado a escribir que después.

Un informe es, por lo general, más extenso y complicado que un comunicado o una carta. Un esquema previo resulta esencial. ¿Cuál es el modelo que solemos seguir al escribir un informe? Una persona escribe el informe y lo presenta a su superior para que lo apruebe. El superior lo critica y el autor lo vuelve a escribir. El informe se recicla (a menudo, una y otra vez), recibiendo los comentarios y la aprobación de las personas que ocupan el escalafón superior de la empresa. El resultado es el desperdicio de una gran cantidad de tiempo y esfuerzo, y una mezcolanza de datos por informe.

El esquema previo evita escribir y volver a escribir. El siguiente plan de cuatro etapas nos ayudará a realizar informes eficaces y bien estructurados:

— Desarrollemos un esquema y discutámoslo con el superior o con la persona ante quien seamos responsables;
— hagamos un borrador;
— revisemos el borrador con la persona más directamente implicada, el encargado de la sección o superior;
— preparemos un borrador definitivo.

Hay otra manera de enfocar el problema: si el tema del informe requiere creatividad, se puede aplicar la técnica del «bombardeo de ideas»: Anotemos todas las ideas o los argumentos pertinentes que se nos ocurran. Luego, organicemos los resultados. Descubriremos que se perfila un cierto orden.

Tras agrupar y sopesar la información, el material adquirirá naturalmente una estructura lógica. Podemos eliminar las partes que creamos necesario eliminar y modificar el resto para poner énfasis donde deseemos. Extraigamos luego un esquema y presentémoslo a la revisión del superior. Si éste nos hace alguna pregunta, dispondremos de todos los datos bien ordenados y listos para ser empleados. Resultará sencillo incorporar cualquier sugerencia al esquema y redactar el borrador definitivo.

Muchas personas cometen el error de presentar los detalles en primer lugar, dejando las conclusiones y recomendaciones para el final. El lector corre el riesgo de verse confundido por los detalles y no llegar nunca a la conclusión: pierde el interés. El lector que busca la información se muestra impaciente, desea conocer inmediatamente lo que tratamos de comunicarle. Manifestemos el propósito de nuestro informe, y presentemos las conclusiones y recomendaciones. Situemos luego la parte más densa del informe: los datos y los ejemplos.

Pongamos nuestras ideas sobre el papel y numerémoslas siguiendo el orden en que queramos presentarlas. Transfirámoslas luego al comunicado, al informe o a la carta. Cuando el mensaje sea leído, habremos logrado salvar la distancia y las ideas habrán pasado de nuestra cabeza a la cabeza del lector.

Ofertas

Las cartas de ofertas pueden agruparse en tres supuestos distintos: *ofertas de personal* o *cartas de petición de empleo, ofertas de servicios profesionales* y *ofertas de productos.*

En el primer caso, se ofrece un particular para un empleo fijo o para colaborar a tiempo parcial. En este tipo de escritos, habrá que cuidar muy especialmente el tono del texto, ya que se trata de una carta cuya finalidad será la de producir una impresión favorable para el remitente. Muchas veces, se ofrecen los servicios de un profesional independiente, que puede colaborar desde su campo de acción con las actividades habituales de cierta empresa.

En la redacción de su carta, el solicitante tiene que exponer de un modo sintético sus intereses. Al decir sintético, no aludimos a un texto de tipo telegráfico que, al menos en algunas ocasiones, podría resultar incomprensible. Recordemos que la precisión y el detalle no están reñidos y que, por el contrario, se complementan entre sí. Tratemos de definir con claridad los límites de nuestra actividad, nuestros conocimientos y nuestra experiencia concreta. No hemos de olvidar que, en cierta medida, estamos vendiendo algo en una oferta de servicios, para lo cual debemos hacer una buena publicidad de nosotros mismos.

En cualquier oferta de servicios, un elemento fundamental es la originalidad, que tiene que vencer dos barreras, muy sólidas casi siempre: la competencia y la desconfianza hacia lo nuevo.

Contra la competencia, se combate ofreciendo mejores condiciones y un servicio más cualificado que el de los demás. La desconfianza suele desaparecer con facilidad si se obtienen buenas referencias comerciales (firmas en las que se haya trabajado antes o empresas que hayan contratado los servicios del interesado, bancos o instituciones que puedan avalarlo), y también de particulares relacionados con la actividad comercial y empresarial.

Estas cartas de oferta de servicios se acompañan casi siempre con un *curriculum vitae*; aunque la empresa decidiera no responder afirmativamente a la oferta, es posible que guarde en sus ficheros una copia del *curriculum vitae* de los solicitantes que le parezcan interesantes.

A menudo, estas cartas, sobre todo si son en respuesta a una oferta de empleo, se escriben a mano, pero pueden presentarse mecanografiadas siempre que en el anuncio o la convocatoria a los que dan respuesta no se especifique tal particular.

Hasta hace años, esto se hacía para comprobar el carácter legible o la belleza de la grafía del candidato. En la actualidad, el objetivo es casi siempre otro bien distinto: la empresa, con ayuda de expertos en grafología, extrae una serie de conclusiones de sus escritos. La grafología se propone el estudio del carácter de una persona a través de los rasgos de su letra. Si un candidato a algún empleo se propone desterrar de su grafía los rasgos negativos que pudiera tener, en la gran mayoría de casos sólo logrará que los expertos adviertan el esfuerzo y, por eso mismo, lo rechacen. De todos modos, si debemos enviar una carta manuscrita, procuremos que nuestra letra resulte legible y esforcémonos por que el escrito tenga aspecto ordenado y pulcro.

En cuanto al *curriculum*, si bien lo más corriente es el caso de una persona que aspira a ingresar en alguna casa comercial o empresa de negocios, también los hay de empresas, utilizados en particular para los concursos internacionales para la realización de obras de gran importancia. Sea del tipo que sea, el *curriculum* tiene por finalidad brindar una buena imagen del candidato a un cargo y, por lo tanto, servirle como medio de promoción de sus méritos y experiencias. Los puntos que debe contener son:

— Datos personales.
— Objetivos de trabajo.
— Estudios realizados.
— Experiencia laboral.
— Otros conocimientos.
— Referencias posibles.

El tipo más usual de *curriculum vitae* desarrolla de una manera esquemática, pero completa y clara, los elementos señalados arriba. Este primer tipo, que recibe la denominación de *funcional*, se centra en el cargo solicitado y deja aparte cualquier dato accesorio. Deberá ir acompañado de la documentación que acredite la veracidad de lo que en él se exponga, si bien esa documentación se presenta, algunas veces, después de que la oferta de servicio haya sido considerada positivamente.

Las cartas de ofertas de servicios profesionales, así como también las de ofertas de productos, son de hecho cartas de motivación de compras y, en consecuencia, guardan una cierta semejanza con las circulares publicitarias y las de venta por correo.

En este campo se encuentran, en especial, las ofertas de servicios que instituciones bancarias, colegios y entidades educativas, o clínicas, por ejemplo, presentan a sus clientes, cuando incorporan nuevas prestaciones o mejoran las que ya tenían. En la mayoría de los casos, por lo general se trata de circulares, es decir, de cartas impresas que se remiten a una buena cantidad de personas, ya se trate de clientes antiguos o de otros, potenciales.

En este tipo de textos es importante, como en todos, utilizar una redacción sencilla y elegante. La brevedad no tiene que ser excesiva y todas las explicaciones acerca de las ventajas del servicio ofrecido deben quedar muy claras.

Es importante, en estos dos apartados, distinguir las cartas que un profesional o una empresa dirigen a sus clientes habituales, con motivo de anunciarles un nuevo servicio o artículo, una oferta de precios, etcétera, de aquellas otras que se remiten para darse a conocer y ofrecer servicios o productos por vez primera. En este último caso, además de limitar el envío a aquellos destinatarios para los cuales la oferta puede tener interés, sean particulares o empresas, es conveniente hacer mención de la seriedad y solvencia profesional del ofertante y acompañar alguna referencia de prestigio.

Las cartas de ofertas de productos ofrecen específicamente mercancías y, en general, son remitidas por una empresa a otra o a algún representante de zona.

Si aspiramos a obtener una agencia exclusiva o una representación, por ejemplo, expongamos con claridad nuestro conocimiento de la ciudad o de la zona donde queramos desarrollar nuestro trabajo; si no tenemos conocimientos específicos sobre la mercancía que representaremos, asegurémonos de que quede señalado en nuestro escrito que contamos con numerosas relaciones entre los posibles consumidores del género.

Todas las cartas en las que se cursa una oferta han de estar redactadas de forma que puedan captar inmediatamente la atención del lector. Esto se consigue exponiendo el asunto con claridad, destacando las ventajas que del objeto de la oferta se pueden derivar y, sobre todo, evitando caer en exageraciones. Las promesas que nunca se verán cumplidas se convierten en el mejor argumento en favor de la competencia. También hay que procurar no alargarlas innecesariamente y huir de las fórmulas huecas y altisonantes.

En el caso de una empresa que ofrece sus géneros, el tono ideal de una carta de esta categoría tiene que tener en cuenta cinco principios fundamentales:

1. No abrumemos al corresponsal con frases autoritarias ni tampoco con expresiones serviles. Un simple «Pensamos que Uds. estarán interesados en...» basta para introducir el tema.

2. Si un fabricante hace una oferta a un minorista, tendrá que recordar que este último no ignora las prestaciones generales o la utilidad de la mercancía, de modo que el fabricante insistirá en las ventajas peculiares de sus géneros y de la oferta que hace (no habrá por qué explicar que un escritorio es útil y, en cambio, resultará adecuado señalar el diseño revolucionario del mueble, que así se vuelve apto para sus fines específicos y, por otra parte, un elemento estético dentro de un despacho).

3. Los comerciantes al detalle tienen un interés especial en el género que se vende con rapidez. Si un fabricante tiene planeada una campaña de expansión o de ventas intensivas, debe hacerle saber al comerciante minorista que así lo ha organizado, subrayándolo muy bien en su carta.

4. También se mencionarán los pedidos que se hayan recibido de las mercancías que se están ofreciendo, y se debe aclarar si provienen de la zona que abarca la firma a la que se está haciendo la oferta.

5. Cuando se ofrezca un producto a un cliente antiguo que, en los últimos tiempos, no ha remitido órdenes de mercancías, es bueno preguntar los motivos de ese alejamiento. La respuesta bien puede ser una orden nueva.

Pedidos y órdenes

Las *cartas de pedido* se utilizan para solicitar el envío de géneros y mercancías que previamente han sido objeto de una oferta, o que el comprador precisa para desarrollar su actividad y encarga a una firma dedicada a fabricar los productos solicitados o a comerciar con ellos.

Una carta de esta clase es muy sencilla pero, a la vez, tendrá que ser muy precisa en su redacción. Si no se cuida el detalle, estos escritos podrían dar lugar a litigios y reclamaciones tanto de parte del vendedor como de parte del comprador. Cada elemento del pedido será comprobado cuidadosamente, porque si se comete un error, la firma tendrá que hacerse responsable legalmente y pagar aquello que se haya ordenado. Algunas empresas aceptan devolución de géneros pedidos por error, pero en ciertos casos esta posibilidad no existe, sobre todo cuando se trata de pedidos especiales, que son servidos con una mercancía «a medida».

El punto de partida en una *orden de mercancías* es una exposición ordenada; en la mayoría de ellas hay que asentar información detallada acerca de:

— *Cantidad* (unidades, peso, metros);
— *géneros* y *calidad*, siempre que existan varias; lo habitual son las calidades 1.ª, 2.ª y 3.ª, pero según el género de que se trate, puede haber otras subdivisiones;
— denominación según catálogos, listines o número de muestrario (denominación estándar). Si no se puede hacer referencia a un catálogo, por ejemplo, cuidemos de proporcionar una descripción sintética, pero muy exacta, del género;
— *precio* (cuando se estime necesario para evitar confusiones);
— *plazo de entrega* (explicitación del tiempo durante el cual el comprador puede esperar por su mercancía). En caso necesario, se puede estipular una penalización por demora en las entregas, cuyos términos tendrán que quedar registrados en la orden o el pedido. En algunas circunstancias, se contempla un descuento importante sobre el total, para compensar la demora;
— *forma de envío* (método de transporte —señalado por el comprador—, envases, embalajes, seguros, punto de entrega, posibilidad o prohibición de fraccionar los envíos, etcétera);
— *forma de pago,* los términos serán confirmados por la empresa vendedora; en este caso, constarán todos los posibles porcentajes de descuento, bonificaciones y demás;
— *documentos especiales* requeridos (licencias de exportación o importación, por ejemplo), que serán de responsabilidad del comprador, *referencias* a excepciones en la forma de adquisición, cuando ésta no se halle establecida por un comercio asiduo y más o menos rutinario, o cualquier otro dato específico que pueda surgir en los casos de órdenes especiales.

En cuanto a la forma de pago, el precio de la mercancía viene fijado, en general, por unidades o por otra cantidad. Del total correspondiente se suelen hacer deducciones: descuento por pronto pago, descuento por pago a x días, descuentos especiales, comisiones, primas y demás.

También se indica si el pago se hará mediante letra, cheque o abono en cuenta bancaria, por el monto total o en pagos parciales, en cuyo caso se indican los plazos (30, 60 y 90 días, por ejemplo).

Si las relaciones comerciales entre las dos firmas que contratan el negocio son muy frecuentes y las condiciones y forma de la venta, conocidas y habituales, algunos de estos puntos podrán ser omitidos. Sin embargo, aun así será preciso consignarlos cuando se pretenda introducir alguna variación con respecto a las anteriores. En tal caso, la operación quedará sujeta a la conformidad de ambas partes y deberá reflejarse en una carta o nota de *aceptación de pedido*.

Dicha nota se enviará también en el caso de no disponer de existencias disponibles al recibir un pedido. Si, por cualquier razón, se va a producir una demora en la entrega, es preciso que la orden sea aceptada y, al mismo tiempo, habrá que explicar al cliente los motivos del retraso, incluso en los casos en que esa demora esté contemplada y aceptada por el cliente.

Cuando la orden sea servida sin más, habrá que enviar un anuncio de envío. En todos los casos, no hemos de olvidar citar el número de referencia de la orden de mercancías o, en el caso de que ese número o código no exista, mencionaremos en lugar destacado la fecha de la carta de pedido.

Cuando se cursa un pedido a una empresa por primera vez, el comprador debe indicar en la carta, preferiblemente al pie, los nombres de algunas empresas, bancos o sociedades a las que el proveedor pueda acudir solicitando ser informado sobre la solvencia económica y la moralidad comercial del nuevo cliente.

Las órdenes de mercancías y las aceptaciones de las mismas a menudo se redactan en formularios especiales, impresos ya con todas las divisiones correspondientes (cantidad, número de catálogo, calidad, precio unitario y total). De esta manera, se evitan omisiones, pero también pueden evitarse ciertos detalles. Si debemos rellenar un formulario de pedido, estudiémoslo con atención antes de escribir nada en él. Comprobemos que tiene todas las casillas que le son necesarias para individualizar los géneros que encargará. En caso contrario, anotemos al pie (casi siempre hay algún espacio reservado a observaciones o a datos complementarios) todas las referencias que impedirán equívocos y la secuela de reclamaciones habituales en esas ocasiones.

Los formularios resultan muy útiles cuando las firmas compradora y vendedora vienen manteniendo una relación asidua y prolongada, porque los pedidos a menudo son casi rutinarios y ya se conocen los detalles de los pagos, el transporte y demás.

Otro tanto puede decirse en relación con las aceptaciones de órdenes. Si se trata de una formalidad, sin excepciones ni inconvenientes inesperados, rellenar un formulario puede resultar una forma de ahorrar tiempo. En caso contrario, lo mejor será adjuntar una carta cuidadosamente redactada, para evitar problemas.

Estas dos clases de formularios son muy similares entre sí y sólo cambiará en ellos el encabezamiento.

En la actualidad, siguiendo la práctica de las empresas británicas y americanas, las órdenes de mercancías suelen ser sustituidas por lo que en inglés se denomina *Purchase Order*, es decir, orden de compra; se trata de una forma impresa, donde en casillas diseñadas al efecto deben consignarse todos los datos del género requerido. Estas órdenes de compra se asemejan a los formularios antes descritos.

Para simplificar el trabajo de clasificación y archivo de la correspondencia, tanto los formularios de órdenes como los de aceptación, y asimismo las denominadas órdenes de compra, se imprimen en talonarios provistos de una matriz. En ésta se consignan los datos necesarios, ya que servirá como copia para el remitente. En otros casos, esos mismos talonarios están provistos de un ejemplar original que se remite al vendedor o al comprador, según el caso, un ejemplar para el cliente y un tercero para archivo.

En otros modelos de orden de compra, sobre todo, se proporciona un talón adjunto que hace las veces de aceptación; en esos volantes adjuntos se consignan los datos del vendedor y la fecha de recepción del pedido. (*Ver Apéndices 15 y 16*)

Clientes y proveedores

Una gran parte de la correspondencia comercial, por no decir que su práctica totalidad, la constituyen las comunicaciones que, con diversa finalidad, se cursan entre clientes y proveedores. Sin embargo, si bien atendiendo a su contenido, es posible intentar una ordenación sistemáticamente de las cartas comerciales, son muchas las de esta clase que quedan fuera de esta catalogación.

En este apartado se hallan algunos de aquellos escritos que, estando relacionados fundamentalmente con órdenes de envío, entregas, precios, etcétera, no pueden figurar, en sentido estricto, en los capítulos correspondientes. Son estos escritos, hasta cierto punto atípicos, no obstante, aquellos con los que un comerciante o una empresa mejor pueden acreditarse y ofrecer una imagen de seriedad y solvencia profesional a su clientela y a sus proveedores.

Se trata, en efecto, de comunicaciones imprescindibles en toda actividad, pero que por su singularidad no es posible resolver acudiendo a las fórmulas o los esquemas profesionales.

De ahí la importancia de que estén confeccionadas con meticulosidad, procurando dejar bien especificado lo que se comunica o solicita y cuidando de que el estilo y la redacción, lo mismo que la presentación, estén al servicio de la eficacia necesaria.

Sin pretender haber confeccionado una selección exhaustiva, figuran como ejemplos unas muestras escogidas en función de su frecuencia.

Envíos y transportes

Dentro del desarrollo normal de una relación comercial, las *notas de envío* y los *avisos y documentos de transporte*, anuncian el cumplimiento de una orden de mercancías (pedido) que previamente ha sido cursada y aceptada.

Como sea que en los documentos que los han precedido se ha especificado ya los diferentes particulares relativos a la operación, en su forma más simplificada los actuales pueden reducirse —y así sucede a menudo— a una nota breve y concisa.

En este tipo de escrito se informa acerca de la fecha y el contenido de paquetes, bultos o remesas que se hayan remitido a un cliente. Tanto el vendedor como el comprador necesitan de esta información, que se debe proporcionar de la manera más simple que sea posible, sin omitir ningún dato de importancia.

Si se trata, sin embargo, de remesas de cierta importancia o que comprenden géneros diversos, o bien destinadas a un largo viaje, será necesario detallar todos los extremos al comprador.

En todos los anuncios de envío se incluyen los siguientes datos fundamentales:

— El nombre y la dirección del vendedor y cualquier otra información al respecto (ramo, especialidades y demás);
— nombre y dirección del comprador;
— número de orden;
— descripción de lo que fue ordenado (a menudo, mediante los números o código de números y letras de un catálogo, otras veces con una cifra que remite a otro tipo de listines o guías) y de su calidad, si es necesario (puede estar incluido en el número de referencia del género);
— relación de las cantidades enviadas, de acuerdo con la orden;
— relación del montante total de la orden; representará la suma de los distintos precios de las diversas mercancías;
— indicación del medio de transporte que se utilizará (ferrocarril, transporte por carretera, barco, correo);
— relación de las condiciones de pago; por ejemplo: 30 días 1,5 %, lo que significa que se restará el 1,5 % del precio total si se realiza el pago dentro de los 30 días o antes;
— posibles descuentos especiales acordados entre vendedor y comprador, que se resta de lo señalado en el sexto punto;
— los cargos de embalaje e impuestos;
— la reproducción de un código de referencias que se haya utilizado para identificar los bultos (en general, letras y cifras). Esta práctica es muy útil para identificar los géneros en la aduana o en las estaciones de carga del ferrocarril, en particular si se emplea un transporte combinado (barco-tren, o viceversa).

En muchas firmas, el anuncio de envío tiene el aspecto de un formulario; en otras, el envío se simplifica, omitiendo los precios por unidad y totales del género remitido, porque esos precios ya habrán sido concertados y tendrán que detallarse en la correspondiente factura. En algunos casos, el anuncio de envío se remite para asegurar la recepción de lo despachado (por ejemplo, cuando se remiten muestras por correo certificado, o un paquete a través de algún transportista).

Las mercancías pueden ser transportadas por tierra carretera o ferrocarril, por vía marítima y por vía aérea. Cuando se envía un género por tierra, en general las compañías respectivas proporcionan un talón, que puede ser enviado al destinatario para que éste pueda retirar los bultos.

El transporte por barco se suele diferenciar con las siguientes abreviaturas tomadas del inglés:

f.o.b. (free on board): franco a bordo o franco bordo; incluye el precio, la entrega en puerto de exportación y la carga en el barco.

EJEMPLO: *f.o.b. Dover* significa que el género será cargado y entregado en el puerto de Dover por cuenta del vendedor, si Dover es el puerto de salida de la mercancía.

c.i.f. (cost, insurance and freight): coste seguro y flete; el precio incluye todos los costes, incluido el seguro hasta el lugar de destino, que debe aclararse a continuación.

EJEMPLO: *c.i.f. Barcelona* indica que el género llegará hasta el puerto de Barcelona con el coste de seguro y flete cubiertos.

En cuanto al embalaje, muchas veces queda a cargo del criterio del vendedor, pero como de él depende el buen estado del género, el comprador puede y debe señalar si prefiere un tipo determinado de embalaje. En su preferencia tendrá en cuenta los envases habituales de la mercancía ya que, por ejemplo, en el caso de latas de aceite que se sirvan en cajas de cartón, el envase protege de por sí el género. En las ocasiones que se utilicen envases recuperables, se hará constar si el precio del envase está incluido en el de la mercancía, si se toma el envase en préstamo y por cuánto tiempo; si estos envases recuperables son facturados, habrá que conocer el precio, material, calidad y estado (usados, nuevos). En la mayoría de los géneros, el precio del envase está incluido.

El seguro tiene establecidos sus alcances en un contrato que limita la garantía del asegurador con respecto al género y a los viajes. En la póliza de un contrato de seguros estarán indicados los puertos o las estaciones en que la mercancía será manipulada. Esto es muy importante para el caso de solicitar informes periciales, si se produjera alguna merma o avería del género. No olvidemos nunca que cuando la mercancía ha salido de los almacenes del vendedor, viaja por cuenta y riesgo del comprador.

El anuncio de envío de mercancías se utiliza casi siempre en los casos de expediciones por ferrocarril o por barco, y cuando el destinatario debe retirar la mercancía de la estación de cargas o de los depósitos de la aduana. El remitente recibe el talón por duplicado, con el cual será retirado el género, de modo que uno de esos dos ejemplares debe ir a las manos del destinatario: es costumbre que ese talón se remita junto con el anuncio de envío.

Si las mercancías se remiten por vía marítima, al proceder al embarque o a la facturación, la compañía naviera extiende un documento denominado *conocimiento*, por triplicado: un ejemplar para la compañía, otro para el capitán del barco y el tercero para el remitente, quien a su vez lo remitirá al destinatario, para que éste pueda retirar la mercancía del lugar de desembarque. En el conocimiento queda constancia, como en el talón de ferrocarril, del número de bultos, las marcas de referencia, la clase de mercancía, el número y peso de los bultos y cualquier otra particularidad.

El anuncio de envío permite que el comprador pueda determinar si ha recibido todo lo remitido, ya que algunas veces, por falta de existencias, una casa se ve obligada a no servir una orden de pedido completa, sino recortada o fraccionada. Para evitar cualquier reclamación, el anuncio de envío es primordial en estas ocasiones.

Muchas empresas, sobre todo cuando los géneros se despachan a la misma ciudad o a poblaciones cercanas, transportadas por medios propios, o clientes con los que mantienen relaciones continuas, o bien cuando se remiten al día, sustituyen la nota de envío por el *albarán o nota de entrega*, que contiene el detalle de las mercancías y, además de servir para que el comprador pueda comprobar el envío, con su firma y acepto sirve al expedidor de certificación de conformidad.

El albarán consta de los siguientes datos:

— El número de orden;
— el nombre y los apellidos del vendedor o la firma vendedora y del comprador;
— el detalle completo de la mercancía (calidad, número de catálogo, cantidad, precio por unidad y precio total; en ciertos casos se omite el precio);
— fecha en que se emite.

Casi todas las firmas extienden el albarán por triplicado, al menos, y en ocasiones con más copias. Uno de los ejemplares quedará de matriz en el talonario correspondiente, el segundo y el tercero acompañarán la mercancía; el comprador se quedará con una copia y remitirá la otra firmada, con su conforme.

Los albaranes que no señalan los precios, por unidad y total, de la mercancía se complementan más tarde con una factura simple. En caso contrario, es decir, si indican los precios, reciben la designación de *albaranes valorados* y suelen remitirse quincenal, mensual o bimestralmente a través de una factura de repaso.

Es de suma importancia cumplimentar el albarán con mucha atención para evitar reclamaciones, notas de crédito o de débito y las correcciones correspondientes.

Las empresas, en general, cuentan con talonarios o tacos de albaranes impresos, en cuyas cabeceras figurará el membrete, anagrama o logotipo de la firma, además de los restantes datos, y a continuación se despliega una serie de columnas para anotar las características de la mercancía, es decir, la calidad, el tipo, el número de catálogo o de muestrario, la cantidad (unidades, metros, litros, etcétera), el precio por unidad, el importe y el precio total.

La *factura de géneros*, por otro lado, es la cuenta que la empresa vendedora presenta a sus compradores, con la relación de las mercancías que ha enviado y con las condiciones en que se ha acordado la venta. En este escrito se consignan las características del género (cantidad, calidad, precio, etcétera), con el objeto de que el comprador acepte, si corresponde, la mercancía y se comprometa a pagarla a su vencimiento.

Cualquier clase de factura contiene los siguientes datos:

— Lugar y fecha en que se extiende;
— datos de vendedor y comprador (nombre y apellidos o razón social, dirección, teléfono);
— relación detallada del género (cantidad y calidad);
— precio de venta por unidad e importe total;
— descuentos y bonificaciones que se apliquen;
— impuestos y gastos a cargo del comprador (IVA, costo del porte, etcétera);
— plazo de pago;
— peso bruto, peso neto y tara;
— número de bultos y marcas;
— tipo de transporte e indicaciones acerca de quién es responsable de los riesgos, tiempo durante el cual se aceptarán reclamaciones y demás.

Los tres últimos datos se mencionan cuando la mercancía tiene que salir fuera de una localidad, muy en especial en el caso de los envíos por ferrocarril, por carretera o por vía marítima.

En el caso de que la empresa vendedora extienda albaranes valorados, las facturas simples suelen ser reemplazadas por las *facturas de repaso*, en las que se presenta una relación de los albaranes o notas de entrega de un período prefijado (quince días, un mes, dos meses). Esta práctica se utiliza casi siempre que se trata de clientes a los que se sirven pedidos con mucha asiduidad: es un medio de ahorrar esfuerzo y papeleo.

La factura de repaso advierte al comprador cuánto ha recibido en el período señalado y el importe de esa adquisición, de modo que también puede servir como aviso del giro correspondiente.

Tal como en el caso de los albaranes, las facturas casi siempre están impresas en talonarios o tacos con una o más copias previstas. Asimismo, como todas las operaciones de contabilidad, actualmente suelen ser extendidas por medios técnicos especiales.

Por último, hemos de tener en cuenta que una empresa comercial no sólo remite mercancías, sino también fondos y valores: En tales casos, es costumbre acompañar cheques o letras con una breve carta; otro tanto se hace cuando se efectúan ingresos en las cuentas de alguna firma o particular.

En la carta de *anuncio de envío de fondos*, se tendrán en cuenta las características generales ya señaladas: número del cheque, importe en cifras y letras, escrito en el margen de la carta o en línea aparte y subrayado, la petición de acuse de recibo; casi está de más señalar que la concisión y la claridad son imprescindibles, como en todos los casos. No olvidemos que alguna ambigüedad en un escrito de esta índole puede acarrear muchos inconvenientes. Releamos siempre nuestras cartas de anuncio de envío para evitar tales problemas.

Toda esta correspondencia se caracteriza por la precisión y el utilitarismo. Deberá estar redactada evitando las cortesías innecesarias y los formulismos, sin llegar a resultar, sin embargo, tajantes en exceso.

Acuse de recibo

El *acuse de recibo* se emplea para informar de que un envío surgido en el desarrollo de una operación comercial ha llegado a manos de su destinatario. Éste, tanto en el caso de haber recibido una comunicación como mercancías, valores, efectos o similares, remite el correspondiente *acuse* al expedidor.

Aunque su uso, en la práctica, sólo se considera obligado en los casos citados en último lugar, es conveniente en cualquier actividad profesional saber valorar la conveniencia de acusar recibo en otros supuestos distintos.

A unos talleres de mecanización —por ejemplo—, les han sido ordenadas unas piezas según plano. Posteriormente, el cliente se ve en la necesidad de introducir alguna o algunas modificaciones, las cuales le son comunicadas al constructor mediante contacto directo por vía telefónica. Pues bien, es suficiente con remitir una simple nota informando de haber anotado en su lugar las modificaciones indicadas, para quedar exonerado de cualquier compromiso o responsabilidad.

Es importante, en efecto, el peso legal que ante determinadas eventualidades pueden adquirir estos escritos, que tan a menudo, en cambio, vemos despachar en nuestras oficinas de la forma más rutinaria. Por ello, precisamente, cuando median comunicaciones o entregas, de cualquier especie que sean, nunca debieran descuidarse.

Por ello mismo también, antes de acusar recibo de mercancías o géneros, hay que confrontar el envío con la correspondiente factura o albarán de entrega, comprobando, además de la cantidad, la calidad o el modelo, así como los precios cargados y, si se trata de una nota cotizada, también el estado en que son recibidos a su llegada.

A su vez, el *acuse de recibo de valores* tendrá que ofrecer el importe total de la cuenta que se considera exacta. Además, se indicará al destinatario el concepto por el que se le acredita o abona el importe aludido (saldo finiquito de cuenta o saldo de las facturas hasta una fecha determinada, por ejemplo).

Como en todos los casos en que se citan cifras objeto de cargo o abono, se destacarán las cantidades en la forma que se tenga acostumbrada: dejando un doble margen para situarlas fuera del bloque de texto, o bien dentro de éste, ocupando el margen izquierdo y subrayando la parte que, de la línea siguiente, queda debajo de la cantidad.

Si se está conforme con lo recibido, se remitirá el acuse sin más; en caso contrario, se debe hacer todas las observaciones correspondientes en dicho escrito, porque todo envío de géneros que se acepte sin una reclamación inmediata o en cuyo acuse de recibo no se señalen observaciones de ninguna clase, se considerará recibido en buen estado por parte del comprador.

Cuando se rehúsa un objeto transportado o se advierte alguna alteración en él, el Código de Comercio establece que se debe hacer verificar por un perito el estado del objeto en cuestión.

Para facilitar y simplificar la confección de los acuses de recibo, en la actualidad muchas empresas remiten anexos formularios especiales. Estas cartas formularias, automatizan en cierta medida la redacción, al ofrecer una serie de respuestas de las que el destinatario tiene que señalar cuáles son válidas.

Este procedimiento presenta algunas ventajas y algunas desventajas. Las principales ventajas son:

— La respuesta está casi preparada, algo muy útil en los casos de empresas poco organizadas, en las que nadie se hace cargo de la correspondencia de un modo sistemático.
— Sugiere los distintos puntos que hay que subrayar (omisión en un envío, estado del género, y otros).

Pero también existen ciertas desventajas, que hay que tener en cuenta a la hora de decidirse a enviar o no esta clase de formularios. El inconveniente mayor estriba en que muchas firmas no requieren utilizar el formulario de acuse de recibo porque consideran que las respuestas sugeridas no son adecuadas; además, en muchos casos se ven obligadas a obtener fotocopia del formulario, si quieren incluirla en su archivo de correspondencia, lo cual implica una molestia adicional.

La primera desventaja señalada se puede remediar dejando líneas en blanco suficientes como para que se dé lugar a la inclusión de todas las observaciones necesarias; en cuanto al problema de la copia, se puede remitir un original, a devolver, y una copia que quedará en poder del destinatario.

Si se opta por el sistema de acuse de recibo mediante formulario, será útil realizar un análisis minucioso de todas las circunstancias posibles en este tipo de escrito y reflejarlas de una forma sencilla y clara. Para ilustrar este tipo de acuses, se reproduce a continuación uno de los modelos más usuales: (*Ver Apéndice 17*)

Reclamaciones

Con frecuencia, en las relaciones profesionales y entre empresas, surgen errores y omisiones, diferencias de apreciación, dificultades y desavenencias para el cumplimiento de lo pactado, etcétera. Todas estas circunstancias hacen que la parte que se considera lesionada formule la correspondiente *reclamación*.

Aunque los motivos que pueden dar origen a una reclamación son, por lo tanto, innumerables, en la correspondencia diaria de cualquier actividad laboral, sin embargo, las causas que aparecen con más frecuencia están relacionadas con la entrega de un pedido o la ejecución de una orden de servicios. Casi siempre, además, la reclamación parte del cliente hacia el distribuidor o el proveedor, si bien son numerosas asimismo las que siguen la dirección opuesta.

Una reclamación debe efectuarse tan pronto como se ha detectado la circunstancia que la motiva. Ésta se expondrá con todo detalle y añadiendo las precisiones que sean necesarias, indicando incluso los factores que se supone que se hallan en el origen del incidente, y apuntando al responsable que debe hacerse cargo de su reparación.

Al redactar una de estas cartas, hemos de recordar que:

— La reclamación tiene que ser específica (por ejemplo, nos han remitido 40 ejemplares de un libro, 6 de los cuales tienen un cuadernillo repetido);
— mantengamos un tono firme pero cortés; si podemos, señalemos algún detalle positivo en el conjunto del envío (buen embalaje, prontitud en la entrega o calidad excepcional del género, por ejemplo);
— averigüemos qué está dispuesto a hacer el vendedor en relación al pro-

blema; a nuestra vez, podemos indicar lo que creamos más adecuado. Si existe la posibilidad de un arreglo directo, nos evitaremos todos los inconvenientes de una acción legal (tiempo, dinero, preocupaciones). Las firmas serias siempre se prestan al arreglo;

— si, a pesar de todo, no recibimos una respuesta adecuada a la reclamación al cabo de un tiempo razonable, volvamos a escribir, esta vez en términos enérgicos. Mencionemos nuestro asombro por no haber recibido respuesta ni satisfacción a una reclamación justa y aseguremos que no estamos interesados en llegar a las acciones legales, aunque apelaremos a ellas si no somos escuchados;

— si una segunda carta, más enérgica que la primera, no obtiene respuesta, tendremos que remitir una advertencia breve, en la que diremos que, a menos de recibir satisfacción inmediata, nos veremos obligados a apelar a la vía legal.

Siempre, en todos los casos, no olvidemos señalar las causas de nuestra reclamación y los motivos probables de los perjuicios que hayamos advertido. Además, no olvidemos tampoco la claridad en la redacción y en la diagramación del escrito. Si tenemos dudas acerca de las causas de las averías o perjuicios, utilicemos frases de atenuación («al parecer», «según parece deducirse de ...»), para mantenernos dentro de los límites de la corrección y, de alguna manera, establecer la reclamación.

No debemos adoptar un tono agresivo desde el primer momento; quizá tengamos que emplearlo más tarde, en una tercera o cuarta instancia. Es bastante habitual que las empresas comerciales prefieran, como ya se ha dicho, los arreglos amistosos; en muchos casos, esos arreglos se desprenden de ciertas conversaciones, llevadas con el interesado o algún representante suyo. Si la firma acerca de la cual debemos presentar una queja o reclamación está situada en una localidad lejana, escribamos una primera carta y, en el caso de que la situación no se aclare, tratemos de obtener los buenos oficios de algún representante o amigo.

De toda la correspondencia se debe guardar al menos una copia, debidamente clasificada y archivada, pero en el caso de las quejas y reclamaciones, esa necesidad es aún mayor. Si no se producen arreglos razonables, tendremos que documentar todas nuestras afirmaciones y someternos a los informes periciales que se realicen en cada caso. El examen de un perito, realizado a tiempo, puede evitar muchos inconvenientes y problemas posteriores. Cuando tengamos dudas al respecto, hagámonos asesorar por un perito: ganaremos tiempo.

Por su lado, los escritos que dan contestación a las reclamaciones deben ser aún más respetuosos y razonados, si cabe, aunque sin caer en el extremo del servilismo. Hay que cerciorarse, en primer lugar, de que una reclamación está efectivamente justificada en los términos en que ha sido planteada.

Si una empresa se encuentra con que ha recibido una reclamación, se ahorrará mucho tiempo y no poco dinero, además de no dañar su imagen de firma seria, tratando de satisfacer a su cliente. En primer lugar, habrá que responder a la carta de reclamación, siempre de forma positiva, bien aceptando como válida la queja, bien argumentando por qué razones no se puede atender a la reclamación ofreciendo, siempre que sea posible, una acción alternativa.

El redactor de tales cartas deberá recordar cuatro puntos fundamentales:

— Dentro de lo posible, se adoptará la posición de que «el cliente siempre tiene razón». Aunque tengamos que asegurarnos de que la reclamación está justificada, expresemos nuestro pesar por los inconvenientes surgidos; si, por el contrario, sabemos que la queja no se justifica, no sugiramos que se nos ha mentido al respecto: pidamos alguna opinión experta sobre el tema específico;
— si ha habido una equivocación, admitámosla sin buscar justificaciones pedestres;
— expliquemos lo que vamos a hacer para paliar los perjuicios. Es costumbre retirar las mercancías dañadas y cambiarlas por otras en buenas condiciones, o bien hacer un descuento especial en el precio. Esta última alternativa es bastante usual cuando se trata de comercio con el exterior, ya que ahorraremos gastos de envío (transportes) y un tiempo considerable;
— señalemos que lamentamos lo ocurrido y que esperamos que el perjuicio no resulte demasiado importante. Aseguremos que tomaremos las medidas necesarias para que el problema no vuelva a producirse en adelante.

Si se atiende una reclamación con cortesía, tacto y justicia, el cliente difícilmente buscará otros proveedores.

En las ocasiones en las que el reclamante no tenga razón, o la interprete y quiera usarla indebidamente, salvo que existan intereses que, por su importancia, aconsejen lo contrario, será correcto argumentar lo que se considera justo y hacerle razonar —no reprochar— su error. De todos modos, como se ha dicho antes, es conveniente, siempre que sea posible, ofrecer al cliente la posibilidad de una acción alternativa por nuestra parte.

Para acabar con este apartado, hablaremos sucintamente de dos casos particulares: las *reclamaciones por impago* de alquileres, hipotecas, suscripciones, abonos, etcétera, y las *reclamaciones por errores en la facturación* de las compañías de gas, electricidad, agua, teléfonos y demás.

En el primer caso, este tipo de reclamaciones se remite acompañado por un formulario para que el destinatario domicilie el pago en una cuenta bancaria.

En el segundo caso, puede suceder a veces que se adviertan errores en la facturación. Se puede presentar una reclamación que, en general, debe ser dirigida a la sección «Lecturas» de la compañía en cuestión.

Con el escrito de reclamación, la compañía iniciará un expediente que, al cabo de algún tiempo, será contestado. Aun en los casos en que la compañía haga su facturación a través de una entidad bancaria (las cuales, a su vez, remiten al abonado un adeudo por domiciliaciones, con todos los datos pertinentes del consumo habido durante un período determinado), dicho pago no significa conformidad por parte del abonado, de modo que siempre se puede presentar una reclamación. Los errores, usualmente, están en la lectura de las unidades consumidas (kilowatios hora, metros cúbicos, pasos, etcétera).

Cobros y contabilidad

Las cartas relacionadas con asuntos de cobros y pagos y, en general, contables, son parcas en explicaciones y cortesías. Bajo este punto de vista, su redacción no debiera presentar en principio ninguna dificultad particular. En cada empresa, en cada oficina y en cada comercio, para notificar las operaciones más frecuentes, es costumbre utilizar unos modelos establecidos que sirven para ser reproducidos textualmente, cambiando únicamente en cada caso los datos del destinatario, la cantidad o el valor de los importes cargados o abonados y las fechas (del envío, de vencimientos y plazos, etcétera).

Nada hay que decir en contra de la costumbre de utilizar unas fórmulas fijas, siempre que los modelos estén debidamente redactados y sirvan para exponer un asunto con claridad y precisión. No obstante, es oportuno advertir que este sistema, por lo demás útil y muy extendido, aumenta el riesgo de error, precisamente por efecto de la misma mecánica repetitiva que constituye su ventaja principal.

De ahí que debamos hacer una mención especial sobre la conveniencia de no expedir jamás un escrito relacionado con asuntos contables, sin antes haber comprobado uno por uno todos los datos.

En todo lo demás, las reglas que deben observarse al redactar la correspondencia contable y bancaria son las mismas que se ha indicado para la correspondencia comercial en general, si bien eliminando algunos apartados, como fórmulas de introducción, de agradecimiento y despedida o similares, que no conviene omitir al tratar de otros asuntos, pero que son innecesarios en un tipo de correspondencia como la que ahora nos ocupa, donde son las cifras y las fechas lo que más importancia ha de merecer.

Hablemos ahora de diversos tipos de escritos referidos a estas actividades.

En primer lugar, habremos de referirnos a la *correspondencia bancaria*. Entre los diversos servicios que presta la Banca, se encuentran aquellos referidos al comercio y a la industria. Además de la custodia de fondos, de la conservación y la vigilancia de títulos mobiliarios y de las operaciones derivadas del alquiler de cajas de seguridad (todos estos servicios que un banco también proporciona a los particulares), la industria y el comercio reciben de la Banca otras prestaciones más específicas:

— Descuento de efectos comerciales;
— créditos y anticipos a corto plazo;
— garantía para concesiones de obras, concursos y demás;
— operaciones de comercio exterior (divisas y apertura de créditos documentarios);
— colocación de las emisiones de renta fija.

Este caudal considerable de servicios genera una buena cantidad de escritos, tanto en las operaciones activas (créditos, préstamos), como en las pasivas (cuentas corrientes, imposiciones a plazo y demás).

El efectivo que presta un banco se puede utilizar a través de cuentas corrientes de crédito y a través de préstamos.

Para abrir una cuenta de crédito, hay que cumplir los siguientes requisitos:

a) *Presentación de una carta solicitud* en la que se pide el crédito. Debe ser dirigida al Departamento de Crédito (que, en general, proporciona un impreso especial) y contendrá estos datos:

— importe que se solicita;
— plazo de duración;
— objeto a que está destinado el crédito;
— forma de amortización;
— garantías afectadas.

A esta carta de solicitud acompañan siempre una declaración de bienes y un balance de negocios. El Departamento de Créditos de la entidad bancaria lleva adelante el trámite debido y, por último, comunica al cliente la aceptación o el rechazo de su pedido. En caso de que haya que abrir la cuenta (ya sea corriente a la vista o de crédito: ambos trámites son muy similares), se cumplirán los pasos siguientes.

b) *Presentación de la documentación conforme.* El titular o los titulares de la cuenta acreditarán su inscripción en el Registro de la Propiedad Industrial o presentarán la escritura de constitución de la Sociedad. En las fichas de firmas irá expreso un conocimiento de las mismas, a cargo de un banco o sucursal del mismo en que se haya solicitado la apertura de la cuenta.

c) *Petición de talonarios.* El primero se recibe en el momento en que queda abierta la cuenta; los subsiguientes se solicitarán mediante el impreso que proporcione el banco.

En el comercio internacional, los bancos intervienen para resolver las obligaciones exteriores, ya que los métodos corrientes de pago (cheque) que se aplican en el interior del país no tienen validez para el exterior. Las letras de crédito, las transferencias bancarias y, en ciertos casos, los cheques de viaje, constituyen un medio para reemplazar aquellos valores de vigencia en el ámbito nacional.

Cuando una letra de crédito, un cheque o un *bill of exchange* proveniente del extranjero no resulta satisfecho con puntualidad, el banco, previo aviso por escrito de su cliente, se encarga de volver a presentar el documento para obtener su aceptación y, si su gestión tiene éxito, comunicará el hecho, a su vez.

Por otra parte, con la incorporación de las nuevas técnicas de la informática, la Banca ofrece unos servicios más baratos, menos sujetos a error y más rápidos a las compañías comerciales. Por ejemplo, un banco puede encargarse directamente del cobro y de la preparación de ciertas facturas.

Para muchas empresas de servicios (compañías de electricidad, de gas y otras), este sistema representa la posibilidad de invertir su dinero en la contratación del personal técnico de su ámbito específico, ya que el banco llevará a cabo el grueso del trabajo contable rutinario, es decir, la facturación bimestral a los usuarios en forma directa. La compañía en cuestión podrá entregar los datos pertinentes a los ordenadores del banco y ahorrar, por este medio, los esfuerzos antes dedicados a las operaciones contables de prestación de servicios.

La mayor parte de los escritos relacionados con las operaciones bancarias en la actualidad vienen proporcionados por los mismos bancos, a través de impresos especiales y formularios diversos.

A pesar de esto, una empresa muchas veces debe iniciar determinado trámite (solicitud de datos y condiciones para una operación determinada, cancelación de cuentas, domiciliación de pagos y otros), remitiendo una carta al director del banco o de la sucursal del mismo con la que le interese operar.

Otros escritos de este tipo de correspondencia son la *letra de cambio*, el *pagaré*, el *recibo* y las *cartas de abono o de cargo.*

La letra de cambio (L/.) constituye un documento por el que el librador (acreedor) manda al librado (deudor) que abone una cantidad de dinero en la fecha que se indique, a la orden del tomador o beneficiario.

La fecha de pago o vencimiento de una letra viene determinada, habitualmente, de las siguientes maneras:

— *A la vista*: debe ser pagada a su presentación (a/v);
— *a un plazo de días o meses vista* (d/v, m/v); ese plazo comienza a contarse desde la aceptación, que se produce cuando el librado se compromete a abonar el importe de la letra escribiendo en la misma *Acepto* o *Aceptamos*, la fecha correspondiente y su firma;
— *a un plazo fecha,* que se cuenta desde la fecha que tenga escrita el documento;
— *a fecha fija*, lo que quiere decir que se pagará en el día señalado.

Existen otras formas de indicar el vencimiento, pero las reseñadas son las más corrientes en la actualidad: las otras ya se consideran un tanto desfasadas.

La aceptación es un requisito indispensable en el caso de las letras a plazo vista; en las otras, puede o no aparecer. Cuando en la letra se indica valor recibido, se señala que el tomador o beneficiario ha abonado el importe al librador.

Cuando la letra presenta la expresión «valor en cuenta», se entenderá que el librador la ha de cargar en la cuenta del tomador.

Cuando en la letra se utiliza la expresión «valor entendido», esto significa que la letra será cancelada de acuerdo con un convenio especial entre acreedor y deudor.

Este tipo de documentos se adquiere ya impreso y cumplimentarlos resulta muy sencillo.

El pagaré, por su parte, ha sido sustituido en la actividad comercial moderna casi por completo por la letra, ya que también se trata de un documento en el que un deudor se compromete a pagar a su acreedor una determinada cantidad de dinero, en una fecha preestablecida.

También para este caso en la actualidad se utilizan formularios ya impresos. De todos modos, si debemos redactar alguno en una ocasión particular, recordemos que hemos de señalar los siguientes datos, habituales, por lo demás, en este tipo de documento:

— Lugar y fecha en que se emite y firma;
— nombre y apellidos del acreedor y del deudor;
— cantidad por pagar;
— concepto por el que se paga;
— fecha en la que se hará el pago.

En cuanto al recibo, se denomina así el documento en el que se reconoce haber recibido una cantidad de dinero u otro valor. En un recibo tienen que estar expresados:

— Lugar y fecha en que se ha extendido el recibo;
— nombre y apellidos del pagador;
— la cantidad percibida, en números y letras;
— el motivo del pago;
— la firma de la persona que libra el recibo.

Como en toda esta clase de documentos, se adquieren los formularios y simplemente se cumplimentan en todas sus partes.

Las notas o cartas de abono o de cargo se utilizan relativamente poco en la actualidad. Sin embargo, algunas veces es imprescindible apelar a ellas. Su redacción es muy escueta: sólo quieren indicar que una cantidad determinada se acredita o adeuda en la cuenta de un cliente.

Por último, nos referiremos a los *documentos del comercio exterior*.

Todos los países comercian con el extranjero importando y exportando diversos productos. El comercio exterior se encuentra sometido a la intervención de los distintos gobiernos, ya sea por motivos políticos o económicos. En muchos casos, esas regulaciones se ponen en vigor mediante acuerdos bilaterales, los cupos de importación y exportación y otras disposiciones legales.

Cuando un comerciante o una firma quiere importar mercancía, debe presentar ante el Ministerio correspondiente una solicitud de licencia de importación para comercio no liberado ni globalizado. Esta solicitud es un impreso especial en el que se suministra a la Dirección General de Política Arancelaria e Importación los siguientes datos:

— Nombre del importador y número de identificación;
— nombre y domicilio del proveedor (exportador);
— plazo de pago;
— país de origen y país de procedencia;
— forma de pago y condiciones de entrega;
— especificación de la mercancía (peso neto, cantidad total);
— valor total en divisas y contravalor en pesetas (mercancía);
— flete en divisas y valor total (flete, seguro y valor de la mercancía).

Las empresas que deseen exportar cumplimentarán otro tipo de formulario: la licencia de exportación global. Este impreso se presenta ante la Dirección General de Exportación del Ministerio y en él se detallan los datos acerca del exportador, la mercancía, la cantidad y el valor estimados, los destinatarios (nombre o razón social y país de residencia) y las aduanas. La Dirección comunicará las condiciones especiales y el plazo de validez de la licencia.

Correspondencia bursátil

A la Bolsa acuden los banqueros, los agentes de Cambio, los corredores de Bolsa y capitalistas y financieros para tratar operaciones sobre valores, fondos públicos, obligaciones, acciones de empresa y demás.

La Bolsa es un establecimiento público en que los comerciantes y los agentes intermediarios colegiados conciertan o cumplen las operaciones mercantiles establecidas en el Código de Comercio.

Desde el punto de vista económico, la Bolsa es un mercado rápido y organizado para vendedores, compradores y especuladores de aquellos fondos privados y públicos que se admiten a cotización. En este mercado se establece un precio real para los títulos, de acuerdo con la cotización que hayan obtenido en las últimas operaciones.

Además de los fondos públicos (Deuda del Estado, Bonos ICO y otros), existen los denominados fondos privados; de estos últimos, los que se cotizan en Bolsa son las acciones y las obligaciones.

Las acciones son partes proporcionales del capital de una Sociedad. El accionista (propietario de acciones) es dueño de una parte de los bienes de dicha sociedad. Los beneficios que obtenga la firma en cuestión se reparten en los dividendos distribuidos entre los accionistas y cambian cada año: se trata de valores de renta variable.

Las obligaciones son partes proporcionales de un préstamo. Una sociedad pide una suma en préstamo y se obliga a devolverlo al cabo de un plazo determinado y a pagar un interés. El obligacionista (propietario de obligaciones) recibe el capital al cabo del plazo establecido y percibirá con periodicidad la cifra estipulada como interés: se trata de valores de renta fija.

Cualquier operación bursátil presenta tres etapas:

— Orden de compra o de venta;
— ejecución de la operación;
— liquidación.

La orden puede ser transmitida al agente de Cambio y Bolsa, a un corredor de comercio o a la entidad bancaria en que el ordenante tenga su cuenta. En todos los casos, una orden de compra o de venta tendrá que indicar la duración de la misma, cosa que se hace habitualmente con las siguientes fórmulas:

— «Valedera solamente para el día...»;
— «Valedera hasta fin de mes»;
— «Valedera hasta su cumplimiento», «orden permanente» o «a revocación».

Se liquida la operación cuando se paga la compra y se retiran los títulos, o bien cuando se entregan los títulos vendidos y se obtiene su importe.

En la actualidad, todas estas operaciones están más o menos automatizadas. En ellas intervienen la informática, la telemática, el videotexto. La mayor parte de las órdenes se cursan a través de formularios impresos; no obstante, puede darse el caso de no disponer de los formularios adecuados y, para esas circunstancias, será útil conocer de qué forma debe solicitarse la realización de las distintas operaciones bursátiles.

El *aviso de ampliación* tiene la forma, habitualmente, de una circular que es enviada o por la entidad bancaria o por el agente de Bolsa y Comercio que oficien como depositarios de los valores, cuando una firma lanza una nueva emisión de acciones. En la suscripción tienen preferencia los particulares o las firmas que ya son accionistas de la empresa.

Los accionistas pueden optar por comprar más valores o bien por recoger las acciones gratuitas que les correspondan.

Las empresas que cuentan con accionistas realizan anualmente la denominada *junta general de accionistas*, cuya *convocatoria* se realiza a través de los periódicos y mediante el envío de circulares a los accionistas. En la convocatoria constarán los contenidos de la orden del día, la mención del lugar en que se celebrará la junta y la fecha de una primera y una posible segunda convocatoria.

Otro tipo de escrito que generan dichas compañías, en el ámbito de su actividad bursátil, son las *circulares* en que se da cuenta de los dividendos activos o complementarios, las ampliaciones o reducciones de capital y extractos de los informes de los presidentes ante las respectivas juntas de accionistas. En general, cuando las cifras son brillantes, ese tipo de circulares se publica en los principales periódicos del país.

Documentos de operaciones inmobiliarias

Las empresas inmobiliarias y las constructoras se ocupan de todo lo relacionado con la vivienda. Las primeras se dedican a adquirir, explotar y promover edificaciones existentes, ya sea mediante el arrendamiento o la venta. Las empresas constructoras ejecutan las obras, de modo que se considera que su actividad es, en rigor, industrial o transformadora. En muchas ocasiones, ambas actividades son cumplidas por una misma empresa que construye viviendas y a continuación las cede en alquiler o las vende.

La venta de los pisos se lleva a cabo mediante una escritura pública que debe ser inscrita en el Registro de la Propiedad; la venta está gravada por el Impuesto de Transmisiones Patrimoniales y Actos Jurídicos Documentados. Cuando el pago se hace aplazado, la escritura no es otorgada hasta la finalización del plazo y, en cambio, se firma un *contrato privado de compraventa*.

Cuando la inmobiliaria concede al comprador un plazo, reserva el inmueble en cuestión y formaliza el trato con una *solicitud de reserva* en firme.

Cuando la empresa arrienda el inmueble, el propietario (arrendador) y el inquilino (arrendatario) firman el *contrato de arrendamiento* en un modelo oficial timbrado, que viene gravado con su correspondiente Impuesto de Transmisiones. El arrendatario debe presentar una fianza cuyo montante equivale a una mensualidad (vivienda) o a dos (vivienda amueblada o local de comercio). Las fianzas se constituyen en el papel timbrado que se conoce como papel de fianzas.

Todos los documentos enumerados, o bien implican la intervención de un notario o abogado (escritura), o bien se cumplimentan rellenando impresos especiales (contrato de arrendamiento, papel de fianzas).

También existen formularios para los contratos de reserva de un piso y para el de contrato privado de compraventa de un piso.

En caso de estipularse las condiciones de los pagos aplazados, habrá que señalar los gastos de timbres y pólizas para las letras que se firmen y sumarlos para determinar el precio total.

Además de los documentos señalados, una empresa inmobiliaria remite a los arrendatarios, con la frecuencia fijada en el contrato correspondiente, una carta en que anuncia la *actualización del canon arrendaticio*. Este escrito va acompañado en todos los casos por un certificado expedido por el Instituto Nacional de Estadística, Subdirección General de Tratamiento y Difusión de la Información, donde vienen detallados los índices de Precios de Consumo del año en que se firmó el contrato de arrendamiento y del año en que se lleva a cabo la actualización.

Certificados, actas e instancias

En el conjunto de las comunicaciones que una empresa debe mantener, ciertos escritos tienen un intrínseco carácter documental que les obliga a ajustarse a determinadas características de redacción y formato.

En este apartado figuran aquellos que, respondiendo a tales particularidades, son comunes a todo tipo de actividades y entidades y se presentan con más frecuencia: los *certificados*, las *actas* y las *instancias* o solicitudes elevadas a departamentos de la Administración pública.

Los certificados pueden ser expedidos por autoridades o por particulares. En la actividad empresarial, se extiende generalmente a petición de personas que pertenecen o han pertenecido a la empresa, y casi siempre hacen referencia a cargos desempeñados, haberes laborales, tiempo de permanencia en la plantilla de empleados y comportamiento manifestado en el trabajo.

La forma en que debe redactarse y presentarse un certificado ha quedado establecida de la siguiente manera: se encabeza con el nombre, los apellidos y el cargo de la persona que lo firma; más abajo, y con letras destacadas, se escribe la palabra CERTIFICO; siguen, en párrafo aparte, los extremos que se certifican, haciendo constar a instancia de quién se hace y, optativamente, el uso a que puede destinarse el escrito; por último, en unas líneas finales, se consignan el lugar donde ha sido expedido y la fecha, y se concluye con la firma del certificante y el sello de la empresa. Cuando la persona que extienda la certificación no sea el máximo responsable de la entidad o del departamento que se cita, será conveniente añadir el visto bueno (Vº Bº) de dicho responsable.

Acta es la narración escrita de lo tratado en el curso de una junta o reunión, con referencia a las deliberaciones habidas en ella y constancia de los acuerdos convenidos. El Código de Comercio regula los requisitos exigidos a las actas que deben extender las sociedades mercantiles, así como el Libro de Actas de la sociedad, en el que deben anotarse.

Extienden actas de sus reuniones y juntas todo tipo de asociaciones, entidades, corporaciones, comunidades de copropietarios, etcétera. Las normas generales que se dan a continuación, y que a título de muestra se han aplicado en los modelos, son extensivas a todos estos casos. Constan de las siguientes partes:

— Encabezamiento, con el nombre de la sociedad y de la junta o comisión;
— relación de asistentes, en una columna cuya anchura deberá ocupar como máximo la mitad izquierda del papel;
— en la mitad derecha y a la altura de esta relación, fecha, lugar y hora de la reunión;
— orden del día;
— resumen de cada punto debatido, respetando el orden en que lo hayan sido y separando los distintos asuntos tratados;
— fecha en letras, firma del secretario y visto bueno del presidente.

Asimismo, también se la considera una certificación, en la que se explican las circunstancias y la forma en que se haya elegido a determinadas personas para unos determinados cargos para cubrir en una entidad de cualquier tipo.

Instancia es un escrito en cuya redacción hay que respetar ciertos formulismos y con el cual se eleva con carácter oficial una solicitud a la Administración. Las instancias se presentan en papel tamaño folio de buena calidad, y es costumbre no emplear una hoja suelta, sino el pliego entero. El escrito se distribuye dejando un margen izquierdo no inferior a unos 7 cm, y, en el caso de los memoriales, llegará hasta la mitad del papel (un memorial es un escrito, también de petición, que se dirige al Rey o Jefe del Estado).

El espaciado entre un párrafo y otro será doble, a fin de que queden claramente visibles las partes que integran y adecuadamente separadas entre sí.

La instancia consta de cuatro partes:

Encabezamiento. En el uso tradicional se destacaba en línea inicial el tratamiento de la empresa a quien se destinaba el escrito. Este extremo, en la actualidad, tiende a suprimirse y las instancias pueden iniciarse directamente con un párrafo, a toda la anchura del papel, en el que figurarán nombre y apellidos del firmante, profesión, domicilio, número del Documento Nacional de Identidad y, dado el caso, demás datos personales de interés.

Cuerpo o exposición, encabezado por la forma EXPONGO y a continuación dando desarrollo, en uno o varios párrafos, normalmente iniciados todos ellos por la palabra *Que*, al motivo de la instancia, figurando en cada párrafo un solo argumento o asunto.

Petición, precedida de la forma PIDO o SOLICITO, seguida de la petición de concesión de lo que se pide. Se usa también la fórmula *Que* para encabezar este párrafo y los que puedan seguir.

Pie del escrito, formado por la fecha, la firma del solicitante y, cerrando la instancia, nombre de la autoridad o del organismo destinatario y su lugar de residencia, ocupando este punto toda la anchura del papel.

En los últimos años, la propia Administración facilita instancias impresas, ya formalizadas.

Circulares

Las *circulares* son cartas que reproducen idénticamente el mismo contenido, ya que se utilizan para exponer un asunto que se considera del interés de varios destinatarios. Pueden hacer referencia a temas muy numerosos y variados. Las de interés general (cambios de dirección, cierre por vacaciones, etcétera) se remiten a todas las direcciones del fichero de correspondencia. Otras, en cambio, se dirigen a un grupo específico o limitado del mismo (anuncios de visita, ofertas de productos, asuntos de precios o de contabilidad, etcétera).

Estas cartas suelen remitirse impresas o fotocopiadas. Al preparar el original que ha de servir para todo el envío, la misma importancia que habitualmente se da a la confección del texto la tienen, en este caso, la presentación y la distribución del escrito.

El secreto para conseguir que una circular surja el efecto esperado, estriba en conseguir que su aspecto sea lo más parecido posible al de una carta ordinaria. No en vano suele decirse que una circular en la que se han descuidado estos detalles va a parar directamente al cesto de los papeles.

Por lo general, se imprimen con tipos que imitan los empleados en las máquinas de escribir, y en el encabezamiento de cada ejemplar se agrega después el nombre y la dirección del destinatario, mecanografiados normalmente.

Las empresas que, por su actividad, se ven obligadas a dirigir circulares con cierta regularidad, utilizan equipos para procesado de textos y máquinas con memoria que, a lo largo de todo el tiraje, repiten automáticamente el escrito previamente programado, incluyendo además en cada una de las copias el nombre y las señas de un destinatario. El resultado es una serie de cartas idénticas que parecen haber sido preparadas individualmente.

Debido a la variedad de los asuntos que pueden anunciarse en carta circular, es imposible referirse a unas normas generales sobre el estilo y la extensión más indicados. Hay circulares muy breves, casi tan escuetas como el texto de un mensaje telegráfico. Otras, en cambio, llegan a ocupar dos o más páginas.

Las que comunican una innovación o un cambio deben completar la noticia con una alusión a las causas que la han motivado y, dado el caso, haciendo también mención de las ventajas que se derivarán del hecho anunciado.

Las que notifican el traspaso de algún negocio, cambios en la dirección o la administración de la empresa, o la creación de una nueva sociedad, deben llevar al pie del escrito o en una segunda hoja los nombres de los nuevos directivos y una muestra de sus respectivas firmas. En este caso, se suele remitir la circular en sobre cerrado.

Las que se dedican a presentar y promocionar nuevos productos, o mejoras en los ya existentes, conservarán el tono que es habitual en los mensajes publicitarios. Si, además, contienen un apartado o boletín para que el cliente pueda efectuar la compra, se convierten en cartas de venta por correspondencia, cuyas características son mucho más específicas y se tratan en este volumen en capítulo aparte.

Con independencia de su contenido, todas las circulares pueden franquearse como impresos, si se remiten en sobre abierto. Sin embargo, cuando se quiere asegurar la atención de las personas a quienes están destinadas, y lo mismo tratándose de cuestiones que se desea mantener al margen de la curiosidad de extraños, pueden expedirse en sobre cerrado y franqueadas como cartas ordinarias.

Ventas por correspondencia

Las *circulares de ventas por correspondencia* se distinguen del resto de las cartas circulares porque, en su caso, existe un objetivo concreto y directo, la consecución de una venta inmediata. Pueden utilizarse tanto para vender productos como para contratar servicios.

Se dirigen a particulares cuando se ofrece un artículo de uso personal, doméstico o familiar, y a empresas y comerciantes cuando el producto cuya venta se quiere promover les está especialmente destinado. Hay ocasiones, sin embargo, en que las características de la venta permiten ofrecerla indistintamente a personas privadas, a profesionales y a sociedades o empresas, utilizando en todos los casos un texto idéntico.

Para asegurar la eficacia y, en suma, el éxito de estas cartas, conviene hallar argumentos convincentes, que inviten a la lectura y, al mismo tiempo, descubran al lector la necesidad de adquirir el artículo, así como las ventajas y los beneficios que tal compra le reportará.

No se consigue esto con afirmaciones gratuitas y fuera de tono, ensalzando las cualidades con que el fabricante o el distribuidor pretenden envolver su género, sino describiéndolo en función de los aspectos que más puedan interesar al eventual usuario. Hay que tener presente que ambos extremos, en efecto, pueden no ser absolutamente coincidentes.

La venta puede perseguirse mediante un único envío o a través de una serie de cartas sucesivas, conocidas también como «cartas de insistencia» y «*follow up*». Tales series se componen usualmente de dos, tres o cuatro envíos, que se cursan a intervalos de veinte o treinta días. Suelen espaciarse, por lo general, el tiempo que se estima necesario para recibir una respuesta.

Cada una de las cartas que forman la serie ha de contener argumentos distintos, huyendo por supuesto de toda referencia textual o directa. Cuando el lector, que no ha contestado la precedente, descubre o es informado ya de entrada de la relación que existe, suele ceder a una suerte de coherencia refleja que le impulsa a rechazar lo que ya sabe de antemano que es una simple reiteración.

El interés del receptor se asegura en las primeras líneas. Es conveniente, por tanto, que lo mismo el contenido del primer párrafo, como la forma en que es expuesto sepan ser ingeniosos, sugestivos y directos.

Cuando el texto se remita acompañado de un catálogo o folleto explicativo, se procurará que haga referencia a argumentos que no reincidan en los que figuran en los mismos, o a lo sumo se enunciarán las características y ventajas más importantes del producto.

Acompañará siempre a estas cartas un boletín impreso, redactado y preparado de tal forma que puede ser cumplimentado con todos los datos y remitido sin sobre y sin franqueo. Pueden enviarse fechadas y dirigidas o sin fecha de encabezamiento. Por tratarse de un envío de textos idénticos, generalmente impresos por medios que permiten la reproducción automática, para su confección y presentación se aplicarán las normas generales que se indican en el apartado sobre las cartas circulares.

Apéndices

1. *Modelos de sobres*

(con membrete)

IFELSA, S.L.
Forestaciones
Rda. del Guinardó, 56
08025-BARCELONA

Sr. Enric Cassasses
Calàbria, 18, 1.º 3.ª
08011-BARCELONA

2.   (sin membrete)

Sr. Enric Cassasses
Calàbria, 18, 1º, 3.ª
08011-BARCELONA

3.

Labortemp
Basea, 4
08003-BARCELONA

Llegaremos abril 14 por una semana.
Reserven dos habitaciones hotel céntrico.
Manuel Salba.

4.

Electromed
Casanova, 137
08011-BARCELONA

Urge reparación tomógrafo.

Vives

5.

Clínica Infantil Santa Isabel
Santa Eulàlia, 5
TARRAGONA

24 de marzo de 199...

Sres.
Electromed, S.A.
Casanova, 137
08011-BARCELONA

Señores:

Confirmo el telegrama remitido con fecha de hoy, hora 9.45, cuya copia adjunto.

Desde las primeras horas de esta mañana, el tomógrafo computerizado que Uds. nos enviaron el 27 de enero pasado comenzó a proporcionar unos gráficos incomprensibles, tanto en las coordenadas superiores como en las inferiores. Dada la importancia capital de este aparato en el desarrollo normal de las tareas específicas de la clínica, comprenderán la urgencia con que es necesario que envíen un técnico.

Les saludo atentamente.

Pedro Vives

Director de la Clínica

Anexo: 1 fotocopia
PV/sr

6.

Corta, Hnos.
Aribau, 132
BARCELONA

Aguardamos envío mercancías según orden 258.

Salmier.

Texto de la carta que acompaña la confirmación:

Carlos Salmier
c/ Les Creus, 82
GERONA

14 de febrero de 199...

Sres. Corta, Hnos.
Aribau, 132
08011-BARCELONA

Señores:

Confirmo el telegrama remitido con fecha de hoy, hora 10,30, cuya copia adjunto.

La orden de mercancías n.º 258 se les cursó el día 2 de diciembre pasado; el anuncio de envío correspondiente ha llegado el día 8 de este mes y, a pesar, de que han transcurrido ya seis días desde esta última fecha, no tengo noticias del género.

Tal como les había anticipado en mi orden, me resulta particularmente urgente reponer mi existencia de sábanas, toallas y manteles. El resto —las telas por metro y las piezas de retor— pueden esperar, pero me urge muchísimo el género del hogar.

Antes de esta reclamación había cursado otra, a la que respondieron con el mencionado anuncio de envío. Por favor, les ruego que tomen las disposiciones necesarias para que esa mercancía llegue pronto.

C. Salmier

7.

Volantes

Enviado a otra firma:

Sr. Horacio Bausá
c/ del Rey, 7
SONSECA (Toledo)

Horacio:

El Sr. Emilio Troy es quien le hace llegar este volante. Está dispuesto a colaborar para poner a punto el envío urgente del que ayer hablamos por teléfono. Espero que su presencia le resulte útil.

Reciba mi saludo cordial.

Juan Dardot

8.

Enviado de una sección a otra de una misma empresa:

Sr. Jefe del Departamento de Relaciones Públicas L. Rodrigo

Luis, por favor, reserve en el Hotel Continental:

1. Cinco habitaciones dobles para las noches del 9 y 10 de julio.
2. Un salón de conferencias con una mesa grande y una pizarra para los días 10 y 11 de julio desde las 8 de la mañana hasta las 6 de la tarde.

Averigüe cuál sería el coste de un servicio de café durante las sesiones de mañana y tarde. ¿Se acuerda de aquellos deliciosos bollos suizos que tenían en la cafetería? Averigüe lo que costaría incluirlos en las sesiones matinales. Podremos hablar sobre el coste del café y de los bollos el próximo miércoles tras mi llegada.

Tan pronto como el señor Puerta apruebe el orden del día, le enviaré una copia del mismo.

Por favor, confirme las reservas antes del viernes.

J. Moreno
Jefe del Departamento Comercial

9. *Comunicados internos*

Laboratorios Teimar

25 de mayo de 199...

DE: Vicente Felíu
A: Elena Montes

Elena, le recuerdo que me ha de hacer llegar una relación completa de todas las copias de recibos y de acuses de recibo de valores recibidos entre las fechas:

15 de junio a 15 de septiembre.

Es urgente. Gracias.

V. Felíu

10.

SEGUROS TÁNATOS

17 de febrero de 199...

DE: Francisco Gutiérrez
A: Esteban Maldonado

Tema: Comunicado del 6 de enero sobre las irregularidades en las vacaciones navideñas.

Esteban, aquí le envío los detalles que me pidió sobre:

L. Quesada: Con derecho a tres días de vacaciones. Libró el 27, 28 y 29 de diciembre.

P. Rueda: Con derecho a dos días de vacaciones. Libró el 27 y 28 de diciembre.

M. Panero: Esta persona no trabaja para nosotros.

Siento que lo pasáramos por alto. Creí que le habíamos notificado de antemano los días de vacaciones que tomarían Quesada y Rueda.

Francisco Gutiérrez

11. *El nombre impreso se utiliza a modo de firma:*

17 de enero de 199...

(anverso)

Sr. Ozores:

Le ruego que mañana a las 11 h. acudan a la reunión informativa que tendrá lugar en nuestra casa, acerca de los futuros planes de inver-

---

(reverso)
sión de la firma.
Un saludo cordial.

ACEROS & HORMIGONES, S. C. A.
Severo Pérez Cuesta

Llano, 6
Tel. 35 64 21. Santander

12. *El nombre impreso se utiliza como encabezamiento:*

(anverso)

ACEROS & HORMIGONES, S. C. A.
Severo Pérez Cuesta
Ingeniero

Le ruega su asistencia a la reunión informativa que mañana a las 11 h. tendrá lugar en nuestra casa, acerca de los

Llano, 6 - Santander   Tel. 35 64 21

(reverso)

planes de inversión de la firma, de cara al próximo año.

17 de enero de 199...

13.

Luis Galván Rigau
Abogado

SALUDA

al Sr. Pedro Astiu y le comunica que se hará cargo de la dirección de la revista *LEYES* desde el próximo mes de octubre.

Barcelona, 30 de junio de 199...

14.

Sr. ....

En cumplimiento de lo dispuesto en el artículo 98 de la Ley de Sociedades en Comandita, se le informa que la Junta General de Accionistas, de esta sociedad, celebrada el día 14 de septiembre de este año, adoptó el acuerdo de proceder a la reducción del capital social en 18.050.000 pesetas; como consecuencia de dicha reducción, el capital de la Sociedad queda fijado en 142.555.000 pesetas.

Madrid, septiembre de 199...
El Secretario del Consejo de Administración.

15. *Formulario de orden de mercancías*

a)

Cantidad	N.º de catálogo	Referencia	Precio/u	Importe

b)

Referencia	Muestrario	Cantidad	Precio/u	Importe

16. *Modelo de orden de compra*

Orden de compra N.º 1824	ARNAU y Cía. Tarragona-Puerto	Orden de Compra N.º 1824
Desprender y remitir este acuse de recibo A. ARNAU y Cía. Firma	Fecha	
	Cantidad	**Descripción**	**Precio**
Fecha de entrega	Fecha Para: Sr.	

17.

ACUSE DE RECIBO

> Por el presente, acuso/-amos recibo de:
>
> 1) ....
> 2) ....
> 3) ....
> 4) ....
> 5) ....
>
> Estos géneros han llegado de mi/nuestra conformidad.

Fecha: ....   Localidad: ....
....

Firma:

Observaciones: ....

II
MODELOS

A

Abono por venta de valores

Modelo 1:

Juan Molina Díaz
Agente de Bolsa y Cambio
Aduana, 17, pral. B
28014 Madrid

23 de marzo de 199...

Sres.
Alfredo Rosas Montero y Hnos.
Santa María, 5
ÁVILA

Señores:

Les comunico que la orden n.º 318, de fecha 12 del mes corriente, de Venta en Bolsa, ha sido cumplimentada en la Bolsa de esta ciudad, en las sesiones del 21 del mes presente, por lo que les remito la liquidación pertinente, en formulario adjunto.

Espero de nuevo sus instrucciones. Reciban mis atentos saludos,

Juan Molina Díaz

s/ref.: ARM/im/41T
n/ref.: JMD/rv/34SB
Anexo: 1 boletín de abono por venta de valores

Aceptaciones de pedidos

Modelo 1: *aceptación de una orden de mercancías*

Lucanor & La Sal, Suministros para la Decoración
Capbravo, 56
17004 Gerona

28 de abril de 199...

Sres.
Maertensen Wilcox, S. L.
Alzinars, 77
43006 TARRAGONA

Señores:

Recibimos su orden del 3 de marzo pasado, en que solicitan el envío de 250 mesas de centro, cristal liso, Mod. Cuba, n.º de catálogo 238 AC17. Hemos enviado dicha orden a nuestros almacenes, para que la despachen dentro de los próximos 8 (ocho) días.

Les saludamos muy atentamente,

Justino Peláez
Director Comercial

Modelo 2: *aceptación que anuncia demoras*

W. Nelson y Cía.
Polígono Industrial
33002 Oviedo

15 de junio de 199...

Sres. Javier Neira e Hijos
Calle de la Cuz, 146
03201 ELCHE

Señores:

Hemos recibido su orden ref.: JN/ar/25AT, de fecha 6 del mes corriente. Podremos servirles el género solicitado hacia fines del mes de julio. Por esas fechas, la expedición de la gran cantidad de pedidos acumulados y el retorno del personal de sus vacaciones nos permitirán cumplimentar su envío normalmente.

Esperamos que esta demora no resulte un inconveniente insalvable para Uds. De todas formas, dado este pequeño retraso en el servicio, les ofrecemos beneficiarse con un descuento especial del 3,5 % sobre el precio total.

Reciban nuestros atentos saludos,

por W. Nelson y Cía.
Marcos Ruibal
Encargado de Ventas

s/ref.: JN/ar/25AT
n/ref.: MR/se/3UN

Modelo 3: *aceptación de orden con detalle de fechas de entrega*

Laboratorios Vall
Pelai, 3
08002 Barcelona

28 de septiembre de 199...

Sr. J. Martín
Flor Alta, 62
28004 MADRID

Distinguido señor:

Hemos recibido su orden de fecha 20 de septiembre. Le detallo las fechas posibles de entrega:

Cat. n.º 32AV5 (15.000 unidades): 25 de octubre próximo;
Cat. n.º 46RF2 (12.000 unidades): 31 de octubre próximo;
Cat. n.º 378VN (7.500 unidades):   5 de noviembre próximo.

Los géneros restantes serán servidos dentro del plazo de 15 (quince) días, a partir de la fecha en que recibamos su conformidad.

En todos los casos, se beneficiará su pedido con un descuento del 1,9 % sobre el precio total, si el pago se realiza a 30 días de la entrega.

Esperamos sus noticias. Reciba mi saludo cordial,

P. Laboratorios Vall
Eugenio Trías
Encargado de Ventas

n/ref.: ET/ne/25TF
Anexos: 1 formulario de aceptación;
1 lista de precios para el próximo invierno;
1 catálogo de nuevos productos.

Actas

Modelo 1: *acta breve de una junta extraordinaria*

En Madrid, reunidos en Junta Extraordinaria el Sr. Ricardo Cámara Navarro, en calidad de Presidente; el Sr. Marcel Alà Gómez como secretario primero; la Sra. Francisca Lorite García, como secretaria segunda; el Sr. Félix Alli Goñi, como vocal; el Sr. Aureliano Buendía Buendía, como vocal; la Sra. Purificación Gómez Fernández, como vocal; el Sr. Francisco Matheu-Corredor, como vocal; y el Sr. Alejandro Boada Sarasate, como vocal, someten a estudio las ofertas recibidas para la adquisición de los terrenos destinados a la instalación de la nueva factoría, y acuerdan delegar en el secretario primero, Sr. Marcel Alà Gómez, entablar conversaciones con *Proicsa*, de Madrid, y *Suelos Industriales, S. A.*, de Alcalá de Henares, con vistas a mejorar las condiciones ofrecidas por cada una de las citadas firmas.

Del acuerdo convenido, queda constancia en el acta presente de la Junta Extraordinaria que, después de ser leída, es firmada por todos los asistentes. Yo, el Presidente, así lo certifico.

En Madrid, a 20 de febrero de 19...

(firma)

Modelo 2: *acta de junta general ordinaria*

Acta de la Junta General Ordinaria de la razón social OPUSDEX, S. A.; celebrada en el domicilio social el día ocho de marzo de mil novecientos ochenta y nueve, a las doce horas de la mañana.

Asistentes:

Asisten todos los socios, excepto los Sres. Troya Martínez, representado por el Sr. Cervantes Saavedra, Ducable Ducable, representado por el Sr. Doble Faz, y los Sres. Bibián Aragonés y Moreno Tauró, que no asisten ni han delegado representación.

Convocada dicha Junta en forma legal, el Sr. Presidente declara abierto el acto y el Sr. Secretario procede a dar lectura a la lista de socios presentes o representados. Declarada constituida la Junta General, la Presidencia abre la sesión con arreglo al siguiente orden del día: 1.º, lectura de la Memoria del ejercicio anterior; 2.º, propuesta y aprobación del Reparto de Beneficios; 3.º, propuesta sobre estudio que realizar con vistas a ampliar la captación de socios; 4.º, ruegos y preguntas.

1.º Tras la lectura de la Memoria, a cargo del Sr. Secretario, el Sr. Presidente comenta los datos ofrecidos y abre discusión del primer punto. Sometida a votación la aprobación de los resultados, se aceptan sin reservas con todos los votos a favor.

2.º Se comunica a los asistentes el reparto de beneficios proyectados a la vista de los anteriores resultados, con la propuesta, que parte de la Presidencia, de invertir el 15 % de los beneficios obtenidos en obligaciones de la firma LAFARGAX, S. L. Sometido a votación el punto segundo en su totalidad, queda aprobado por mayoría, con los votos en contra de los Sres. Albesa Roto, Francás Simy y Romero Redondo.

3.º El Sr. Secretario da lectura a la propuesta de la Presidencia, de autorizar el encargo de un estudio técnico-económico con vistas a conseguir un incremento no inferior al 30 % en la captación anual de socios. La propuesta es comentada en términos favorables por los presentes, que deciden aprobarla tras votación, con el solo voto en contra del Sr. Ballart Comés, quien pide que se haga constar en acta su voto negativo, que fundamenta en la necesidad de revisar el sistema de turnos y primas a los numerarios, a fin de tener datos concretos antes de iniciar otros proyectos que pudieran revestir más complejidad y envergadura.

4.º Se pasa al punto cuarto y último del orden del día, destinado a ruegos y preguntas. El Sr. Abad Toribio propone que se haga llegar el voto de gracias de los accionistas de la Sociedad a los responsables y numerarios del departamento técnico de la empresa, por su participación destacada en el proyecto transeuropeo «Multifax». Dicha propuesta es aprobada unánimemente por los asistentes.

No habiendo otros asuntos que tratar, la Presidencia levanta la sesión.

El Secretario

Vº Bº
El Presidente

Modelo 3: *acta de una junta de copropietarios*

Acta de la reunión de la Junta de Copropietarios de las fincas números 12 y 14 de la calle Matagalls, de Vallvidrera (Barcelona), celebrada en el local social de la Copropiedad el día 19 de febrero de mil novecientos ochenta y ocho, a las siete horas de la tarde.

Asistentes

Sr. Gerardo Muñoz Salle
(Presidente)
Sr. Víctor Alexander Roig
Sr. Pedro Vega Alguait
Sr. Eusebio Poncela Elmás
Sr. Eladi Torres Torres

Sr. Juan Parrondo León
Sra. Maite Arqué Flors
Sr. José Para Amós
Sra. Rosa Abril Carós
Sra. Eulalia Fló Figabona
Sr. Amable Aguilar Vicente
(Secretario)

Orden del día

1.º Memoria y Balance del ejercicio pasado.
2.º Constitución de la nueva Junta Directiva.
3.º Restauración y repintado de las fachadas.
4.º Servicios de portería.
5.º Ruegos y preguntas.

1.º Declarado abierto el acto por el Sr. Presidente, el Sr. Secretario procede a la lectura de la Memoria y el Balance del ejercicio pasado, tomando la palabra a continuación el Sr. Muñoz Salle, en su calidad de presidente, para explicar que el superávit acumulado no ha sido invertido en otras mejoras por estar previstos los trabajos de restauración de las fachadas para el presente año. Los asistentes aprueban por unanimidad las cuentas presentadas y deciden pasar al punto siguiente.

2.º El Sr. Presidente da cuenta a los presentes de que la actual Junta Directiva ha cumplido el plazo previsto para su mandato y señala que, de acuerdo con los Estatutos en vigor, corresponde tomar el relevo a otros Copropietarios. Tras varias propuestas y votaciones, la nueva Junta Directiva queda constituida por las Sras. Eulalia Fló Figabona, como Presidenta, y Maite Arqué Flors, como Secretaria.

3.º A continuación, se pasa a la discusión del punto tercero del orden del día. El Sr. Secretario expone las dos ofertas solicitadas, y comunica que la elección se ha de decidir entre la presentada por el Sr. Remigio Hernández, quien ha presupuestado un importe total de 2.380.000 ptas., y la presentada por la Compañía de Restauradores Urbanos, S. en C., que ha presupuestado un importe total de 2.750.000 ptas. Se acepta la primera, con el solo voto en contra del Sr. Parrondo León, cuya propuesta de solicitar oferta a otros industriales es desestimada por los votantes. Se faculta a la nueva Junta Directiva para encargar formalmente al citado Sr. Hernández el inicio inmediato de los trabajos de restauración y pintado.

4.º El Sr. Presidente saliente propone a los reunidos suprimir una de las dos porterías de la finca, ya que en su opinión el servicio actual es excesivo, teniendo en cuenta la instalación reciente de porteros automáticos, y la conveniencia de dedicar la cantidad ahorrada al mantenimiento de la zona ajardinada de las entradas. Entre los presentes se manifiestan diversas opiniones, siendo la más compartida no suprimir el servicio, antes bien, restablecerlo sin demora, pero en cambio incrementar las cuotas de todos los Copropietarios para sufragar el servicio de jardinería.

Se someten a votación propuestas concretas y se aprueba por unanimidad cubrir la vacante en la portería, de lo que queda encargada la nueva Junta Directiva, y aplazar el tema de las cuotas para la próxima reunión.

5.º Al llegar el punto destinado a ruegos y preguntas, a propuesta del Sr. Vega Alguait y de la Sra. Abril Carós, se acuerda añadir entre los requisitos exigibles al candidato a la portería de la finca n.º 12, conocimientos de jardinería, y también incluir estas funciones entre las previstas para el cargo vacante.

Sin otros asuntos que tratar, se aprueban las conclusiones que deben figurar en el acta de la reunión y se da por concluida esta Junta.

El Secretario

Vº Bº
El Presidente

Acuses de recibo

Modelo 1: *nota acusando recibo de pedido*

MANUFACTURAS HISPANIA, S. A.
05200 Arévalo

16 de marzo de 199...

Sres. Ortega y Santos
Solana, 13
28019 MADRID

Señores:

Acusamos recibo de los géneros detallados en el pedido n.º 978, de fecha 25 de febrero, los cuales nos han sido entregados ayer, en debidas condiciones y a nuestra plena conformidad.

Atentos saludos de

MANUFACTURAS HISPANIA

TALLERES SAURET
Casañas, 22
34002 Palencia

7 de junio de 199...

Metales y Manipulados, S. Coop. Lda.
Molineros, 47
47011 VALLADOLID

Señores:

Recibimos su envío de fecha 3 de este mes, correspondiente a nuestro pedido n.º 31/MM del 18 de mayo.

Al efectuar la comprobación, hemos advertido que han quedado pendientes de entrega los materiales que se detallan a continuación y que, sin embargo, sí están en la relación de la citada orden de pedido:

— bronce barra, $\emptyset$ 75 mm×7,5 m;
— metal antifricción, lingote, 500 kg.

Como sea que ninguno de los dos figura en el albarán de repaso n.º 785, que en todo lo demás coincide con los géneros expedidos, suponemos que debe de existir alguna dificultad en su suministro. Por favor, les rogamos que solventen el problema lo antes posible o, en caso contrario, que nos comuniquen lo que sucede sin más demora.

Les saludamos atentamente,

TALLERES SAURET

Gerente

Modelo 3: *acuse de recibo, indicando error en la entrega*

Teresa Ramos Loperena
Comestibles y Ultramarinos
Veredea Alta, s/n
42200 Almazán

27 de diciembre de 199...

Sres. Brihuega y Pozos
Estación, 27
19004 GUADALAJARA

Señores:

He recibido el envío expedido por Vds. el día 22 de este mes, por medio de la agencia «Transportes Modernos», correspondiente a mi pedido del 30 de noviembre pasado.

Después de comprobar los géneros que me han sido remitidos, les comunico que falta uno, que a continuación les indico:

2 cajas melocotón «Huertana», 25/500 g, precio 2.813 ptas.

El resto del pedido se ha servido correctamente y ha llegado en buen estado. Al no presentar los embalajes y los precintos ninguna anormalidad, es de suponer que la referida omisión obedece a un error involuntario por su parte. Les ruego, en consecuencia, que hagan el favor de rectificar su factura según indico:

Importe total fra.	75.413
A deducir: 2 cajas × 2.813 ptas.	5.626
Dto. 2,5 %	1.745
Neto a su favor	68.042

Por este importe podrán girar a mi cargo, en letra pagadera el día 15 de enero que viene.

Reciban atentos saludos.

TERESA RAMOS

Modelo 4: *acusando recibo de modificación de instrucciones*

CERRAJERÍA Y MECANISMOS, S. A.
Ricart, 73
08204 Sabadell

5 de agosto de 199...

Unión Ferretera, S. L.
Claramunt, 9
08030 BARCELONA

Señores:

Respondemos a su carta del 1 de este mes, en que se confirman las modificaciones que hay que introducir en la fabricación de las cerraduras de bloque tipo «Cemec».

Tal y como les manifestamos en la conversación telefónica que mantuvimos, no existe inconveniente alguno por nuestra parte, por lo que las ciento veinte piezas, en distintos tamaños, de su pedido n.º 8.375/CM, les serán servidas conforme a las instrucciones recibidas:

— Cajas y pestillos: metal con brillo y marca estampada;
— muelles y mecanismos: los habituales;
— llavines: por triplicado, metal y plástico, con marca y referencias.

Hemos rectificado el citado pedido de acuerdo con lo aquí mencionado, y les confirmamos su entrega sin demora sobre la fecha prevista.

Les saludamos atentamente,

CERRAJERÍA Y MECANISMOS, S. A.

RH/PL

Modelo 5: *acusando recibo de un estado de cuenta*

Julián Caballero Sastre
Apartado 1.703
29006 Málaga

9 de enero de 199...

Plásticos Miranda, S. A.
Sombrereros, 19
28012 MADRID

Señores:

He recibido su estado trimestral de cuentas correspondiente al último período del pasado año.

He observado que, en el cargo n.º 26, relativo a la orden n.º 573, de fecha 7 de noviembre, han omitido aplicar al total la deducción habitual del 1,8 %.

En consecuencia, les ruego que lo modifiquen en la siguiente forma:

Importe factura cit.	12.375
Dto. 1,8 % a deducir	223
Saldo total trimestral	175.497

Con el total neto indicado, de 175.497 Ptas. (ciento setenta y cinco mil, cuatrocientas noventa y siete), que confío en que será de su conformidad, podrán proceder de la forma acostumbrada.

Les envío un cordial saludo.

Julián Caballero Sastre

Modelo 6: *acuse de recibo con envío de fondos*

SANTIAGO MERCADER
Agente Comercial
P.º de los Romeros, 75
23001 Jaén

27 de febrero de 199...

Gráficas Andaluzas, S. A.
Pino, 73
41013 SEVILLA

Señores:

Recibí ayer el envío expedido por Vds. el día 15 de este mes, con talón de ferrocarril n.º 37.057, que cumplimenta mi pedido de fecha 7 de enero.

Habiendo comprobado que dicho envío está en buenas condiciones, y que todo lo encargado se ha realizado a mi entera satisfacción, les adjunto cheque del Banco del Sur, n.º 3.472.981, serie AJ, por el importe de 49.785 Ptas. (cuarenta y nueve mil, setecientas ochenta y cinco), el cual -------------- cubre el saldo de su factura, con la deducción convenida, en concepto de pago inmediato, del 1,5 %.

Por favor, remítanme el correspondiente acuse de recibo, a vuelta de correo.

Les saludo atentamente,

SANTIAGO MERCADER

SM/rm
Anexo: 1 cheque n.º 3.472.981, serie AJ, del Banco del Sur

Modelo 7: *acuse de recibo con aviso de ingreso en cuenta*

RECAMBIOS Y ACCESORIOS SOLER
Valira, 18
25005 Lérida

17 de mayo de 199...

Comercial Tejada, S. A.
Granada, 83, 1.º
08005 BARCELONA

Señores:

Recibimos su expedición n.º 2.175, con talón de ferrocarril 48.750, de fecha 7 de este mes, que corresponde a nuestra
orden de pedido n.º 954; les adjuntamos el comprobante de
ingreso en su cuenta del Banco de Barcelona, por el importe
que cancela su factura n.º 789, de:
Ptas. 59.410 (cincuenta y nueve mil, cuatrocientas diez).
Esperamos su acuse de recibo y les saludamos atentamente,

RECAMBIOS Y ACCESORIOS SOLER
Eloy S. Puigvert

ES/tp
Anexo: 1 comprobante de ingreso en cuenta B.B.

Acuses de recibo de valores

Modelo 1: *acusando recibo de valores*

MADERAS FLUVIÁ Y CÍA.
Caselles, 9-11
17500 Ripoll

7 de septiembre de 199...

Sr. Jorge Celaya
Rambla Mayor, 17
17310 LLORET DE MAR

Estimado Sr.:

Acusamos recibo de su carta del 4 de este mes, de la que retiramos cheque nominal por valor de Ptas. 109.435 (ciento nueve mil, cuatrocientas treinta y cinco), que cancela nuestra factura n.º 453, de fecha 29 de julio.

Abonamos dicha suma en su cuenta y le agradecemos la prontitud de su pago.

Reciba atentos saludos de

MADERAS FLUVIÁ Y CÍA.

Contabilidad y Clientes

Modelo 2: *acusando recibo de efectos en circulación*

PABLO MOLINERO E HIJOS
Setúbal, 8
34010 León

9 de octubre de 199...

INDUSTRIAL PAPELERA, S. A.
Cetina, 139
28017 MADRID

Señores:

Acusamos recibo de su carta del 28 del pasado septiembre, en que nos anuncian la puesta en circulación de una L/ a 30 d/f y a nuestro cargo, por importe de 197.430 Ptas. (ciento noventa y siete mil, cuatrocientas treinta), que cancela el saldo de su factura n.º 715.

Atentamente,

JAVIER MOLINERO SOTO

Gerente

JM/Lu
s/ref: PG/ar/MOL 715

Modelo 3: *recibo de efectos con devolución de impagado*

CENTRAL PAPELERA, S. A.
Vicente Villena, 19
03800 ALCOI

21 de febrero de 199...

Sres. Arroyo y Millares
Cañada Mayor, 23
35015 LAS PALMAS DE G. C.

Estimados Sres.:

Acusamos recibo de su carta de fecha 11 de este mes, que acompaña tres letras a 30 d/f por un importe total de
Ptas. 475.983 (cuatrocientas setenta y cinco mil, novecientas ochenta y tres), que hemos abonado en su cuenta.
Al mismo tiempo, les remitimos con esta carta el efecto n.º 1.781, impagado, por valor de
Ptas. 73.492 (setenta y tres mil, cuatrocientas noventa y dos), adeudándole un total de
Ptas. 285 (doscientas ochenta y cinco) por gastos.
Les saludamos atentamente,

CENTRAL PAPELERA, S. A.

Julián Pereda

Anexo: efecto n.º 1.781

Albaranes (o notas de entrega)

Modelo 1: *albarán de entrega de mercancías*

CERÁMICAS TOLEDANAS, S. L.
Covadonga, 13
45006 Toledo

Nota de entrega n.º 8.342

15 de noviembre de 199...

Almacenes Soto y Cía.
Gil González, 11
28027 MADRID

Relación de géneros expedidos s/Orden de Mercancías n.º 147.

Artículo	Modelo	Cantidad	Total piezas
Vajilla	«Imperial»	8 juegos	256
Vajilla	«Imperial De Luxe»	3 juegos	84
Servicio Sopero	«Albéniz»	5 juegos	90
Servicio Sangría	«Albaicín»	5 juegos	80
Jarrones Fantasía	«Celeste»	10 piezas	10

Modelo 2: *albarán de entrega de mercancías*

CASA SIMS, ELECTRODOMÉSTICOS
Pasaje, 3
25633 Lérida

<u>Nota de entrega n.º 2.379</u>

4 de septiembre de 199...

Ferraz Hnos.
c/. del Foc, 7
25633 LÉRIDA

Géneros entregados por medio de Tpte. propio:

2 Lavadoras, marca Limp, n.º de catálogo 34BM;
25 Secadores de pelo, marca Sol, n.º de catálogo 264L.

Recibí conforme:

Albaranes valorados

Modelo 1: *albarán valorado*

AROMATERAPIA
Almacenes, 34
11008 Cádiz (Puerto)

N.º 6.877

3 de mayo de 199...

Sres.
Sucesión de Ernesto Porta
Mallorca, 195
11408 JEREZ DE LA FRONTERA

S/Orden de mercancías n.º 26.

Calidad	N.º muestra	Cantidad kg	Precio/u.	Importe	Dtos.
SE 5	431	86	247 ptas.	21.242	
SE 8	26	75	63 ptas.	4.725	
SE 9	532	98	113 ptas.	11.074	
			TOTAL	37.041	

Modelo 2: *albarán valorado*

FABRIMED, S. L.
Los Olmos, 3
28014 Madrid

N.º 3.862

6 de abril de 199...

Tiendas Fit
Alcalá, 346
28005 MADRID

Les remitimos los siguientes géneros, por medio de Transmad:

Cantidad	Concepto	Precio/u.	Importe
35 pares	medias señora, negras	157	5.495 ptas.
155 pares	calcetines niños	132	20.460 ptas.
265 pares	medias hombre	210	55.650 ptas.
255 pares	panties espuma	178	45.390 ptas.
155 pares	leotardos fibra	345	53.475 ptas.
		TOTAL	180.470 ptas.

Recibí conforme:

SON: ciento ochenta mil, cuatrocientas setenta ptas.

Modelo 3: *albarán valorado con indicación de descuento*

SUCESORES DE PABLO SOTILLO, S. L.
Cabrejas, 21
42002 Soria

10 de mayo de 199...

Sr. Braulio Martínez
Zapateros, 9
50300 CALATAYUD

   Relación de géneros remitidos en la fecha por medio de «Agencia Principal de Transportes»:

Cantidad	Detalle	Precio/u.	Importe	Dto.
2 × 20	barniz roble mate (1/2)	295	11.800	
2 × 20	barniz inc. brillo (1)	538	21.520	
10 × 36	decapante Total (1)	119	42.840	
10 × 50	blanco polvo Caldur (2)	103	51.500	
2 × 20	esmalte sintét. Lux (1/2)	389	15.560	
	TOTAL		143.220	3,5 %
				5.012
	NETO		138.208	

Recibí conforme:

Modelo 4: *albarán valorado con indicación de descuento*

SERPA, S. A.
Flor Baja, 3
28026 Madrid

N.º 2.895

26 de octubre de 199...

Sres. López y Bravo
Avda. Llano Castellano, 6
28017 MADRID

Nota de los géneros entregados por medio de Portes Esteban:

Cantidad	Concepto	Precio/u.	Importe	Dto.
3 × 24	cajas de Lejía	116	8.352	
7 × 12	cajas Limpiador l.	198	16.632	
15 × 85	estropajos	23	29.325	
22 × 12	barniz mate	278	73.392	
25 × 12	esmalte sintético	352	105.600	
		TOTAL	233.301	3,5 % 8.165
		Neto	225.135	

Recibí conforme:
SON: doscientas veinticinco mil, ciento treinta y cinco ptas.

Anuncios de envío

Modelo 1: *nota de envío de mercancías*

CONSERVAS SANTA MARTA
Pío XII, 7
30006 Murcia

23 de enero de 199...

Sr. Juan Redondo Toro
Travesía Vallejo, 18
28039 MADRID

Según su orden n.º 978/21, de fecha 15 de este mes, por medio de la agencia «Águila Exprés» hemos expedido las siguientes mercancías:

3 cajas de melocotón 1.ª (45 × 1/2 kg);
2 cajas de espárragos Trigo (50 × 1/4 kg);
3 cajas de alcachofas corazón (50 × 1/4 kg).

El montante de estos géneros se detallará en la factura de repaso del mes de marzo.
Muy atentamente,

CONSERVAS SANTA MARTA

Modelo 2: *aviso de envío con detalle de precios*

ELECTRODOMÉSTICOS TORRES, S. A.
Puigmal, 19-21
25633 Lérida

9 de mayo de 199...

Sres. Barreiros y Álvarez
Blas de Otero, 128
36211 VIGO

Estimados señores:

Despachamos ayer, por la agencia de transportes «Mensafax», su orden de pedido 273/Ab. 21, de fecha 21 de abril, con las siguientes mercancías:

Clase	Modelo	Cantidad	Precio p/u.	Total
Plancha «Termos»	T-12	12 (u)	975	11.700
Plancha «Durax»	D-11	6 (u)	1.020	6.120
Secador «Airex»	Airex	10 (u)	1.319	13.190
Bat. cocina «Bator»	Florencia	2 (j.)	12.075	24.150
Tostadora «Bator»	Hogar-23	6 (u)	2.314	13.884

Aplicamos dto. especial convenido (1,5 %) y giramos efecto a 60 días. Les saludamos muy atentamente,

ELECTRODOMÉSTICOS TORRES, S. A.

Expediciones

Modelo 3: *envío a comisionista*

INDUSTRIAS BLOCK, S. L.
Aparatos de medición
Vicente Arjona, 9
46025 Valencia

12 de noviembre de 199...

Sr. Jorge Tuset Pujol
Comisionista
Caminal, 73
08005 BARCELONA

Estimado amigo:

De acuerdo con su orden n.º 275/BK, ayer expedimos por ferrocarril tres paquetes precintados para entregar a «Talleres Ribas y Madero», de Sabadell. Adjuntamos talón de ferrocarril n.º 92/813 y esperamos conformación y cargo de sus gastos.

Confiamos en que todo se cumplirá a entera satisfacción de nuestro cliente.

Atentamente,

INDUSTRIAS BLOCK, S. L.

Ventas

VO/MT
Anexo: 1 talón de ferrocarril

Modelo 4: *anunciando y justificando retraso en el envío*

CENTRAL METALÚRGICA, S. A.
Polígono Industrial de Quemada
46500 Sagunto

9 de marzo de 199...

Talleres Lozano y Cía.
Velarde, 12
02400 HELLÍN

Estimados clientes:

Sentimos comunicarles que, debido a una serie de incidencias de carácter laboral que se han dado recientemente en esta firma, la fabricación de las mercancías ordenadas en su pedido del 12 de enero de este año ha sufrido un retraso imprevisto, por lo que no pueden ser expedidas antes de transcurridos —aproximadamente— quince días de la fecha convenida.

Lamentamos sinceramente esta demora, ajena por completo a la voluntad de nuestra Dirección, y confiamos en que la misma pueda resolverse sin perjuicio alguno.

Por favor, excúsennos de las molestias que ello les pueda ocasionar, y les saludamos muy atentamente,

CENTRAL METALÚRGICA, S. A.

Francisco Pardo
Dirección Ventas

FP/HG

Modelo 5: *anunciando cumplimiento parcial de pedido y aplazando el resto*

AGUSTÍN PEÑA Y CÍA.
Fundición y mecanizados
Navarrete, 32
44005 Teruel

10 de julio de 199...

Sr. Alfonso Carrasco
Martín Vallejo, 9
16003 CUENCA

Estimado señor:

Con fecha de ayer le remitimos, por medio de la agencia «Turolpress», las siguientes mercancías:

    10 poleas referencia D12-T
    50 pernos 3", mecanizados
    50 espárragos sujeción 3"
     1 mesa verificador 6 × 2 m

El resto de piezas que completan el pedido n.º 217/AC-IIº le será expedido con una demora no superior a dos semanas. Lamentamos este retraso, y le rogamos que nos disculpe de las molestias que el mismo le pueda ocasionar.

Atentamente le saludan,

AGUSTÍN PEÑA Y CÍA.

Director Gerente

Anuncios de envío de fondos y valores

Modelo 1: *anuncio de envío de una letra de cambio a plazo fijo*

INDUSTRIAS TER
Apdo. de Correos 2256
08080 Barcelona

7 de marzo de 199...

Sr. Rafael Cano
Jacometrezo, 7
28013 MADRID

Señor:

Con fecha de hoy y a 45 (cuarenta y cinco) días vista, he girado a s/c una letra, número 7.164 de 35.694 ptas. (treinta y cinco mil, seiscientas noventa y cuatro) y de orden de la firma Soria y Cía. de esta ciudad.

Le ruego que acuse recibo. Con mis atentos saludos,

p. INDUSTRIAS TER

Severo López
Administrador

n/ref.: SL/tr/87L

Modelo 2: *nota acompañando cheque bancario*

Fernando Lucas
Tesorería, 12
14003 Córdoba

15 de abril de 199...

Gráficas Carlota, S. A.
Apartado de Correos 217
14550 MONTILLA

Estimados señores:

Les envío con esta nota, en cancelación de su factura n.º 978/86, un cheque a su favor, con cargo en el Banco Mercantil de esta ciudad, por importe de:
29.415 ptas. (veintinueve mil, cuatrocientas quince).

Les ruego que acusen recibo a vuelta de correo. Les saludamos atentamente,

FERNANDO LUCAS

Anexo: 1 cheque

Modelo 3: *anuncio de envío de un cheque bancario*

JUSTO VEIGA Y CÍA.
Rda. Guinardó, 86
08025 Barcelona

17 de septiembre de 199...

Talsol, S. en C.
Apdo. de Correos 197
48080 BILBAO

A la atención del Sr. Carlos Aspiri

Estimado señor:

Le remito adjunto el cheque n.º 33.579, serie AJ, a cargo de Banca del Sureste, por un importe de:
<u>145.875 ptas.</u> (ciento cuarenta y cinco mil, ochocientas setenta y cinco), correspondiente al pago de la letra n.º 3.281, con vencimiento el día 22 de este mes.

Por favor, envíe acuse de recibo a vuelta de correo. Le doy las gracias y me despido de Ud. muy atentamente,

JUSTO VEIGA

Encargado de Administración

n/ref.: JV/ec/8XN

Modelo 4: *envío de una letra para aceptación de la misma*

COPRAMAR
Importadores
c/. Almacenes, 4
08003 Barcelona

18 de enero de 199...

Sr. Martín Castro
Santa Cruz, 68
15703 LA CORUÑA

Estimado señor:

Le remitimos adjunta una L/. n.º 25.875, primera de cambio y a cuarenta y cinco días vista, por 135.000 ptas. (ciento treinta y cinco mil), importe a que asciende ntra. fra. n.º 8.791, de fecha 15 de este mes.

Esperamos que Ud. nos la devuelva debidamente aceptada, y le enviamos nuestros saludos más atentos,

p. COPRAMAR

Alfredo Vallés
Encargado de Cobros

n/ref.: AV/iv/350P
Anexo: L. n.º 25.875

Modelo 5: *anuncio de envío de un efecto de cobro*

SASTRIA HNOS.
Apdo. de Correos 117
07080 PALMA DE MALLORCA

15 de junio de 199...

Sres. Cambó y Torel
c/. Forets, 2
08004 BARCELONA

Distinguidos señores:

Les remito adjunto un efecto de cobro de <u>120.000 ptas.</u> (ciento veinte mil), n.º 32.649, pagadero el 30 de julio, a la orden de SERPA, S. A., de cuyo cobro les ruego que se encarguen.

Les agradeceré que, una vez deducidos los gastos correspondientes, me remitan el saldo líquido mediante cheque.

Les saludo atentamente,

Benito Sastria

Administrador

n/ref.: BS/01/83M
Anexo: efecto de cobro n.º 32.649

Modelo 6: *anuncio de envío de letras para el pago de una factura*

ROSAL Y CÍA.
Clara del rey, 33, 5.º
28003 Madrid

23 de septiembre de 199...

Víctor Vélez y Hnos.
Lauria, 159, pral.
08008 BARCELONA

Señores:

En pago de su factura n.º 274, de fecha 2 de este mes, les remito tres letras, según detalle a continuación:

Ptas. 17.280 s/Madrid, al 28 del cte., L/n.º 23.817
Ptas. 18.000 s/Madrid, al 28 del cte., L/n.º 5.790
Ptas. 9.720 s/Madrid, al 30 del cte., L/n.º   385

El importe total suma --
45.000 ptas. (cuarenta y cinco mil), cantidad de la que les ruego que me acusen recibo, abonando dicho importe por saldo.
Reciban mis saludos,

P. ROSAL

Anexo: L/n.º 23.817, 5.790 y 385

Aviso de ampliación de capital

Modelo 1:

BANCO CREDITICIO
Casa Matriz
Pza. Cataluña, 2
08004 Barcelona

2 de septiembre de 199...

A. Prieto y Cía.
Córcega, 48, entlo. 2.ª
08029 BARCELONA

Distinguidos señores:

Les anunciamos la ampliación de capital de la Sociedad Mariner, S.A., de 50 de cuyas acciones son Uds. depositantes en nuestro Banco. En el formulario adjunto encontrarán el informe detallado de las acciones que les corresponden y de los derechos sobrantes.

Les agradeceríamos que nos enviasen sus instrucciones al respecto, fechando y firmando el impreso adjunto, una vez cumplimentado.

De no haberlas recibido dentro del plazo de cinco días hábiles antes del cierre de esta operación, venderemos sus derechos en la ampliación o les recogeremos las acciones gratuitas que correspondan, antes de proceder a la venta de los derechos sobrantes.

Esperando sus instrucciones, les saludamos muy atentamente,

p. BANCO CREDITICIO

I. Morillos
Dpto. Inversiones

s/ref.: RP/tl/15B
n. ref.: IM/opc/27N
Anexo: 1 formulario de orden de ampliación

Aviso de compra de acciones

Modelo 1:

Julio Roldán
Agente de Cambio y Bolsa
c/. Mayor, 3, 1.º C
28013 Madrid

25 de noviembre de 199...

Sr. Ramón Calvo
Olivares, 63, 4.º
28017 MADRID

Estimado señor:

Le informo que, por su orden y cuenta, ha adquirido en la Bolsa de esta ciudad 75 acciones, n.º 134.957 a 135.031, ambos inclusive, al cambio de 185 por cien.

Aprovecho esta ocasión para enviarle mis atentos saludos.

J. ROLDÁN

n/ref.: JR/lc/73V

C

Cartas de abono

Modelo 1: *carta de abono*

A. Ortiz Souto
Apdo. de Correos 347
04080 Almería

24 de octubre de 199...

Molina y Hnos.
Apdo. de Correos 1.976
29080 MÁLAGA

Señores:

Les informo que les he abonado la cantidad de 81.273 ptas. (ochenta y una mil, doscientas setenta y tres) en su cuenta en concepto de pago de la factura n.º 836.

Atentamente,

A. ORTIZ SOUTO

Modelo 2: *nota de abono en cuenta*

COMERCIAL GREDOS, S. A.
Arteche, 12
20110 Pasajes

15 de enero de 199...

Sr. Pedro Manzanares
Lasala, 73
20003 SAN SEBASTIÁN

Estimado señor:

De acuerdo con lo convenido en nuestra conversación telefónica, abonamos en su cuenta
Ptas. 8.020 en concepto de bonificación especial, para compensarle de las diferencias existentes en nuestro último envío.

Reciba atentos saludos de

COMERCIAL GREDOS, S. A.

Carta de actualización del canon arrendaticio

MIR INMOBILIARIA
Avda. Portal de l'Àngel, 3, 4.º
08002 Barcelona

Barcelona, 10-5-9...

Sr. Juan Cava
C/. Aragó, 215, 3.º, 2.ª
08011 BARCELONA

Distinguido señor:

De acuerdo con la cláusula 4.ª y concordantes del contrato de arrendamiento que se indica al pie, el canon arrendaticio debe actualizarse en la fecha y según los cálculos que a continuación se detallan, de modo que el nuevo precio de arrendamiento conserve con el inicial, fijado en dicho contrato, la misma proporción que el índice de Precios al Consumo del Conjunto Nacional de los meses que se indican, anteriores a las fechas de la revisión y de celebración del contrato. También se detallan las modificaciones correspondientes a la fianza.

Fecha de actualización de rentas   seis de junio de 199...

Medias del índice de Precios de Consumo
del Conjunto Nacional

Anterior a la fecha del contrato, mes	junio 1988	224,9
Anterior a la fecha de actualización, mes	junio 1989	261,1
Renta mensual actualizada	34.830 ptas.	
Renta mensual anterior	30.000 ptas.	
Variación de la fianza en más	4.830 ptas.	

Primer recibo de la renta actualizada   julio de 199...

Con el recibo de alquiler del mes en que se inician los efectos de la actualización, se le pasará a Ud. el relativo a la variación de la fianza del inquilinato.

Reciba un atento saludo.

p. MIR INMOBILIARIA
Francisco Carrasco

Contrato de Arrendamiento de 8.ª clase, n.º OG1393072/73
Fecha de Contrato de Arrendamiento 1 de noviembre de 1981
Renta mensual en la fecha de arrendamiento 30.000 ptas.

Cartas de cargo

Modelo 1: *carta de pago*

MOLINA Y HNOS.
Apdo. de Correos 1.976
29080 Málaga

5 de octubre de 199...

Sr. A. Ortiz Souto
Apdo. de Correos 347
04080 ALMERÍA

Señor:

38.912 ptas. Le informo que hemos adeudado la cantidad de (treinta y ocho mil, novecientas doce) de su cuenta, en concepto de pago por n/factura n.º 571, de fecha 5 de septiembre pasado.

Le saludo muy atentamente,

P. MOLINA

Administrador

n/ref.: PM/hp/52L

Modelo 2: *remitiendo un extracto de cuenta*

SOLOZÁBAL Y ARTECHE, S. L.
Alameda, 185
48010 Bilbao

11 de julio de 199...

Sr. Ignacio Luján Guridi
Elizalde, 18, 1.º
48902 BARACALDO

Estimados señores:

Les adjuntamos el extracto de su cuenta que, con las operaciones realizadas efectuadas hasta el día 30 de junio pasado, arroja un saldo a nuestro favor de Ptas. 257.894, que esperamos que aprueben.

Como de costumbre, por este importe, hemos girado a su cargo, a 30 d/f y a la orden del Banco Industrial del Norte.

Atentos saludos de

SOLOZÁBAL Y ARTECHE, S. L.

Anexo: 1 extracto

Cartas de introducción

Modelo 1: *nota de introducción profesional*

PROMOCIONES RUBIO, S. A.
Apdo. 10.311
08005 Barcelona

10 de noviembre de 199...

Construcciones LA.CA.SA.
Sancho de Ávila, 13
08018 BARCELONA

Señores:

Nos complace presentarles al Sr. Esteban Palomero Costa, jefe del Departamento de Estudios de nuestros asesores de Publicidad y Marketing.

El Sr. Palomero necesita visitar detenidamente las urbanizaciones «Gran Sol» y «Jardín del Poeta», a fin de realizar el diseño de la campaña de promoción de las nuevas viviendas.

Les estaremos muy agradecidos si facilitan su visita y pueden poner a su disposición cuanta información les deba solicitar.

Estamos a su disposición. Les saludamos cordialmente,

PROMOCIONES RUBIO, S. A.

Guillermo Rubio Cots
Apoderado

GR/ML

Modelo 2: *anunciando a un delegado de la propia firma*

INDUSTRIAS HURTADO
San Adrián, 18
15001 La Coruña

6 de mayo de 199...

Baldomero e Hijos, S. L.
Hospital, 12
24003 LEÓN

Señores:

Nuestro Delegado de Ventas, Sr. Hermenegildo Panrico, tiene previsto viajar a esa ciudad el próximo mes de junio, y se pondrá en contacto con Vds. a su llegada.

Tenemos el mayor interés en que pueda ser recibido por persona facultada de su firma, a fin de mejorar nuestras relaciones comerciales en beneficio común.

Acabamos de iniciar un programa de intensificación de ventas, en el que hemos estudiado las condiciones más favorables para nuestros clientes, y estamos convencidos de que, cuando hayan sido informados por dicho Sr., lo hallarán altamente satisfactorio.

Como bien saben Vds., abastecemos con nuestros productos a importantes comerciantes de esta zona, y nos sorprende constatar que, en su caso, las cifras de operaciones estén siempre muy por debajo de lo que permite aventurar la importancia de su acreditado establecimiento.

Por este motivo, el Sr. Panrico estudiará en su caso todos los problemas de entregas, precios y créditos, y cuantos otros le sean impuestos, para ajustar nuestros planes a sus necesidades.

Confiamos en que tendrán la amabilidad de recibirle con interés y revisar conjuntamente la situación, ya que estamos convencidos de que ello va a redundar en favor de nuestros comunes intereses.

Les saludamos atentamente,

INDUSTRIAS HURTADO

Ricardo Sáenz
Director Comercial

Modelo 3: *anunciando la visita de un inspector de la firma*

ADMINISTRACIÓN MECANIZADA, S. A.
Lealtad, s/n
09001 Burgos

7 de febrero de 199...

Sres. Santiago y Galdós
Apdo. de Correos 107
09442 SOTILLO

Señores:

En nuestro empeño por ofrecer a nuestros clientes el mejor servicio técnico post-venta, hemos organizado en nuestra empresa un Departamento de Inspección y Mantenimiento, cuya dirección corre a cargo del Sr. Martín Lesondo. Dicho señor es un profesional especializado en máquinas informatizadas de oficina y, en lo sucesivo, deberá comprobar regularmente el buen estado del equipo que Vds. vienen utilizando.

Su primera visita les será anunciada en fechas próximas, y esperamos que tendrán la amabilidad de poner todas las facilidades de su parte para que pueda realizar del mejor modo su inspección.

Confiando en que sabrán disculpar las molestias, les saludamos atentamente,

ADMINISTRACIÓN MECANIZADA, S. A.

Director de Ventas

120

Modelo 4: *introducción de negocios*

Fernando Plaza Campos
Trinquete, 20
28045 Madrid

1 de diciembre de 199...

Ramón García y Cía.
Pza. Mayor, 18-20
33008 OVIEDO

A la atención del Sr. Justo García

Estimado Sr. García:

Le hago llegar estas líneas para interesarle por un asunto de importación de materias primas que, en condiciones muy ventajosas, podríamos realizar conjuntamente y por mediación del Sr. Santiago Aguirre.

El citado Sr. se ocupa de asuntos comerciales de firmas españolas y de Sudamérica y Estados Unidos. Personalmente, llevo varios años realizando negocios con su participación, lo mismo importaciones que ventas al exterior, y puedo asegurarle que siempre se han desarrollado a entera satisfacción de ambos. En pocas palabras, es persona de gran solvencia y seriedad, y conoce a fondo los mercados internacionales.

En estos momentos, dispone de un importante stock de minerales de fundición, dispuesto para ser importado sin demora y cotizado a unos costes que, puedo asegurarle, resultarían altamente competitivos. Sin embargo, la operación debería ser compartida por más de una firma.

En este sentido, considerando las excelentes relaciones que hasta la fecha hemos mantenido entre nosotros, y teniendo en cuenta además que ambos nos movemos en un nivel de consumo de materias primas muy similar, considero que sería positivo afrontar esta compra asociados.

El Sr. Aguirre ha pensado viajar a Oviedo hacia mediados de este mes, siempre que pueda Vd. recibirle, y en su visita, que le será oportunamente anunciada, le expondrá detenidamente el asunto, aportando detalles y cifras exactas.

Espero que le será posible atenderle y así comprobará Vd. mismo el interés de su propuesta, cuya materialización tan sólo está pendiente de una respuesta afirmativa por su parte.

Le ruego una pronta respuesta a esta carta y aprovecho la ocasión para saludarle cordialmente.

Fernando Plaza

121

Modelo 5: *nota de introducción profesional indicando forma de contacto con las empresas*

WILCOX IBÉRICA
Magallanes, 56
Edificio Venus
28026 Madrid

30 de junio de 199...

Robamo, S. A.
Gran Vía de les Corts Catalanes, 774, planta 4.ª
08013 BARCELONA

Señores:

Llegaré a Barcelona el próximo día 10 de julio y pasaré ahí una semana, con el objeto de investigar las posibilidades de ampliar las ventas de la maquinaria fabricada por la empresa que represento y para aumentar su actual intercambio con las firmas catalanas.

Los encargos de ventas y exportaciones de nuestra casa consideran probable que estén Uds. interesados en nuestros nuevos planes y, por lo tanto, me interesaría mantener una conversación al respecto durante estos días. Durante los días 18 y 19 de julio viajaré a Tarragona. Cualquier contacto conmigo puede establecerse telefoneando al Hotel Rex, teléfono (977) 43 56 78, habitación 424.

En espera de sus noticias, les saludo muy atentamente,

Raúl Lozano Méndez

Representante de WILCOX IBÉRICA

P.D.: Adjunto la carta de introducción de mi empresa.

Modelo 6: *nota de introducción profesional indicando forma de contacto con las empresas*

EDIPRENSA
Apartado 1.311
08027 Sabadell

15 de mayo de 199...

Deusto Press
Apdo. de Correos 1.740
20600 EIBAR

A la atención del Sr. Director

Señor:

Acabo de llegar a esta ciudad con el fin de conocer las posibilidades de incrementar las ventas en la zona de la casa que represento. Según el Gerente de Ventas de EDIPRENSA, está Ud. interesado en estudiar los detalles de nuestras ofertas. Le ruego, pues, que me llame al Hotel Alba, tel. 34 56 54, habitación 27, donde permaneceré hasta el próximo día 26.

Quedo a la espera de su comunicación y le envío mis saludos atentos,

Pere Aymerich Guinovart

Representante de EDIPRENSA

P.D.: Adjunto la carta de presentación de mi empresa.

Cartas de presentación

LÁMPARAS Y METALISTERÍA, S. A.
Polígono Industrial del Centro
28972 Madrid

14 de mayo de 199...

Compañía de Importación y Exportación, S. A.
Viso, 70
28912 MADRID

Señores:

El portador de esta carta, Sr. Santiago Améndola, nos ha rogado que le facilitásemos unas líneas de presentación con las que dirigirse a Vds. a fin de solicitarles una plaza de corresponsal de importaciones, que durante un tiempo a convenir estaría dispuesto a desempeñar sin percibir remuneración y en concepto de prácticas profesionales.

El Sr. Améndola es hijo de uno de nuestros proveedores habituales, con quien además de una buena relación comercial nos une una firme amistad.

El citado joven asiste a los cursos que se imparten en la Escuela Superior de Estudios Empresariales. Puede aportar un brillante expediente académico y se distingue también por su seriedad y sus excelentes cualidades morales.

Considerándose en el momento de completar su formación profesional, estima conveniente poder simultanear los estudios teóricos con el trabajo práctico, y es por este motivo por lo que desearía tener la oportunidad de colaborar en una empresa del ramo reputada e importante como la de Vds.

Les estaríamos sumamente agradecidos si Vds. hicieran viable esta posibilidad.

Estamos seguros de que sabrán atenderle con todo interés y procurarán complacer su petición. Por ello, les reiteramos nuestra gratitud y, ofreciéndonos incondicionalmente a su servicio, les enviamos nuestros saludos y el testimonio de nuestra consideración,

Fco. Javier Saldaba

Director

Modelo 2: *presentación de un ex-empleado*

ASCENSORES Y ELEVADORES ANGLO
Carretera de Vergara, s/n.
01013 Álava

19 de octubre de 199...

Talleres Sancho Urbel e Hijos
Santiago, 190
01003 VITORIA

Señores:

El portador de esta carta, Sr. Santiago Paz, nos ha rogado que le facilitemos unas líneas de presentación, con las que poder dirigirse a Vds. a fin de ofrecerles sus servicios como Ingeniero Electrónico en prácticas.

El Sr. Paz tiene 24 años, posee la correspondiente titulación universitaria y ha estado trabajando en nuestra casa durante dieciocho meses. La decisión de dejar nuestra empresa la ha tomado exclusivamente por propia voluntad, ya que en todo este tiempo ha cumplido con sus obligaciones a nuestra entera satisfacción, y hemos podido comprobar que, junto a una excelente preparación profesional, posee, además, excelentes cualidades personales.

Su intención es completar la formación teórica que en sus años de estudiante ha recibido, con una serie de experiencias prácticas en oficinas de ingeniería.

No tendría inconveniente en permanecer a prueba durante algún tiempo ni en aceptar las condiciones laborales más acordes con su situación profesional.

Estamos seguros de que procurarán atender su demanda, en caso de que ello sea posible, por lo que les damos las gracias.

Nos reiteramos a su disposición, y aprovechamos la ocasión para saludarles atentamente,

ASCENSORES Y ELEVADORES ANGLO

Antonio M.ª del Amo
Apoderado

ADA/rm

Modelo 3: *presentación de un profesional*

Fernando Espona Montero
Cardenal González, 198
19004 Guadalajara

11 de julio de 199...

Muebles Sanchís
Mallorca, 21-23
28012 MADRID

Señores:

El Sr. Juan Ortega, persona cuya seriedad y condiciones profesionales me son bien conocidas, acaba de abrir en esta ciudad su propio estudio de Interiorismo y Decoración. Dicho Sr. ha colaborado repetidas veces con nosotros, trabajando por cuenta ajena, hasta que ha decidido ponerse al frente de un gabinete propio. Me complacerá saber que ha sido cordialmente recibido en su casa y estoy seguro de que quedarán Vds. totalmente satisfechos de cualquier trato profesional que convengan con él.

Reciban con estas líneas mi agradecimiento y un saludo cordial.

Fernando Espona

Modelo 4: *presentación para asistencia durante un viaje*

Faustino Campos Alarcón
Representaciones y Exportaciones
Apartado 1.311
08027 Sabadell

5 de julio de 199...

Blanco Madrigal e Hijos
Avda. de la Paz, 278
MÉXICO (D.F.)

Señores:

En fechas próximas llegarán a su ciudad, procedentes de esta ciudad, los señores Marcos y Sara de Entrevías, importantes detallistas de tejidos en Santiago de Chile. Dichos señores han viajado a Europa para entrar en tratos con importantes fabricantes del sector textil, ya que su negocio se encuentra en una fase de gran expansión.

De regreso a Sudamérica, tienen previsto permanecer algunos días en México en una visita de carácter estrictamente privado. Me une a ellos una estrecha relación, tanto profesional como personal, y apreciaría gratamente cualquier tipo de asistencia que pudieran ofrecerles durante su estancia en su país. Por mi parte, lo consideraré como un favor hecho a mi propia persona y al que sabré corresponder en cualquier momento en que así me sea requerido.

Reciban las gracias y un atento saludo de

Faustino Campos

Modelo 5: *presentación de un técnico especializado de la propia firma*

DUPONT & SHELBY
Regent St. 2.131
London
G. Sheare
Export Manager

24 de noviembre de 199...

Colomer Hnos.
Montera, 25, pral.
28017 MADRID

A la atención del Sr. Jorge Lleras
Gerente General

Estimado amigo:

Le remito estas líneas con el fin de presentarle al Sr. Paul Lewis, uno de nuestros mejores agentes. En el transcurso del mes próximo pasará diez días en Madrid y se pondrá en contacto con Uds. tan pronto como llegue a su ciudad.

Tenemos la pretensión y esperanza de incrementar nuestras ventas en España y el Sr. Lewis debe investigar las posibilidades que existan, a mediano y largo plazo.

Como Ud. bien sabe, nos encontramos en situación de servir los pedidos de herramientas y maquinarias en condiciones de pago muy favorables para el cliente. No obstante, en el caso particular de la firma de Uds., esas condiciones no siempre se han ajustado a las necesidades específicas de cada circunstancia. Por este motivo, el Sr. Lewis se dispone a discutir con Ud. todos los problemas de fechas de entrega y los términos del crédito, para evitar nuevos inconvenientes y continuar una relación comercial satisfactoria entre ambas firmas.

Con mis saludos cordiales, me despido de Ud. hasta una próxima ocasión.

G. Sheare

Gerente de Exportaciones

128

Modelo 6: *presentación de un experto en ventas de la propia firma*

BRONZE POCKET, INC.
Delegación en España
Zumalacárregui, 67
48027 Bilbao

22 de junio de 199...

A. Kirchnner-XVII
Sucursal Zona Este
Rbla. del Poblenou, 48
08005 BARCELONA

Estimados señores:

Estas líneas tienen el objeto de introducir ante Uds. al Sr. Enrique Gómez, uno de nuestros mejores expertos en ventas.

El Sr. Gómez viajará a Barcelona el día 30 de este mes y permanecerá allí durante una semana. Nos interesa extender nuestro mercado y ampliar las ventas de la maquinaria de precisión de nuestra fabricación. El Sr. Gómez tiene la misión de realizar conversaciones para investigar dichas posibilidades. Esperamos que Uds. tendrán la amabilidad de entrevistarse con él y suponemos que ello redundará en un beneficio mutuo.

Reciban nuestros atentos saludos,

Geoffrey Monmouth

Director local

Cartas de recomendación

Modelo 1: *recomendación para un empleo*

Felipe Madrazo Fuentes
Alameda, 181
41009 Sevilla

Madrid, 12 de junio de 199...

Sr. Tomás Rico Hermida
Jefe de Personal
Industrias Promitex
10880 ZARZA

Estimado señor:

Apelando a la vieja amistad que existe entre nosotros, con estas líneas me permito recomendarle al portador de esta carta, Sr. Jaime Buendía Trillo, quien acude a su empresa solicitando ocupar una plaza de oficial administrativo.

El Sr. Buendía, con quien me une una relación familiar, es una persona seria e inteligente que reúne además excelentes condiciones profesionales. Posee el título de Bachiller Superior y una sólida formación teórica y práctica que le capacita para tareas de contabilidad y administración, y tengo la seguridad de que sabrá cumplir su cometido de forma irreprochable.

Le ruego que perdone mi atrevimiento y reciba mi gratitud de antemano por cuantas atenciones pueda tener en favor de mi recomendado. Reciba mis cordiales saludos y sepa que, como siempre, me reitero a su entera disposición.

Su amigo,

Felipe Madrazo

Modelo 2: *nota breve de recomendación*

Santiago Ortiz Callo
Nueva de la Cruz, 80
27001 Lugo

1 de marzo de 199...

Comercial de Exportaciones
Avda. del Castillo, 12
27012 LUGO

A la atención del Sr. Fernando Rubio

Estimado amigo:

Me permito recomendarle al portador de estas líneas, Sr. Luis Cotos Paz, para ocupar la plaza vacante en sus oficinas.

El Sr. Cotos, cuyas cualidades tanto personales como profesionales puedo garantizarle, es hijo de uno de nuestros colaboradores más eficaces, y le agradeceré todo lo que Vd. pueda hacer por él.

Confiando en que sabrá justificar mi intromisión en este asunto, y agradeciendo de antemano su interés, le envío cordiales saludos.

Santiago Ortiz Callo

Modelo 3: *recomendando a un familiar*

Miguel Salmerón Castro
Regoyos, 97
29004 Málaga

7 de noviembre de 199...

Sr. Antonio Mateo Caballero
Asesoría Jurídica y Económica
Concordia, 12
29017 MÁLAGA

Distinguido amigo:

Me permito remitirle estas líneas en favor de mi sobrina, la señorita Sandra Nieves Salmerón, portadora de esta carta, quien en fechas recientes ha ofrecido sus servicios como administrativa y mecanógrafa a su Asesoría Jurídica, en respuesta a un anuncio aparecido en el periódico.

La Srta. Salmerón ha cursado estudios de Secretariado e Idiomas con mucho aprovechamiento, y aunque con anterioridad no ha trabajado en ninguna empresa, en los tres últimos años ha prestado una gran ayuda a sus padres en el negocio familiar. Además, ha estudiado dos cursos de taquigrafía y en la actualidad acude a unos cursos nocturnos de informática.

Es una persona seria y trabajadora, de trato agradable, buena presencia y capaz de asumir las responsabilidades que le sean encomendadas. Dicha señorita tiene 22 años cumplidos, y a pesar de que no era intención de su padre, mi cuñado, a quien sin duda Vd. recordará, prescindir de su colaboración, las circunstancias motivadas por su reciente fallecimiento y, sobre todo, su afán por aportar su contribución a las necesidades familiares, le han motivado a solicitar mi mediación, sabiendo que Vds. se disponen a contratar a una nueva empleada.

Le quedaría sumamente agradecido si pudiera concederle en su oficina la plaza que ha solicitado, ya que además de haber resuelto con ello sus problemas materiales, tendría la oportunidad de integrarse en una firma cuya solvencia y seriedad son de siempre conocidas en nuestra casa.

Le ruego que perdone mi atrevimiento al molestarle y sepa que de antemano agradezco su interés. Me despido de Vd. reiterándole mi amistad y consideración.

Miguel Salmerón

Modelo 4: *recomendación de una firma consignataria*

MÉNDEZ FRÍAS E HIJOS
San Francisco, 36, 7.º
33008 Oviedo

5 de abril de 199...

Pedro Ferreira y Cía.
Los Olmos, 16, 4.º
24006 LEÓN

A la atención del Sr. A. Santos Veiga

Estimado amigo:

Le hago llegar estas líneas con el objeto de recomendar a su consideración los servicios de la firma consignataria Warren, de Southampton.

Esta firma británica no sólo se ocupa de asuntos comerciales de firmas
de su país y de Europa, sino que también goza de muy buena reputación en
Estados Unidos y Sudamérica.

Nosotros, concretamente, hemos realizado negocios muy importantes
con Warren en el transcurso de los últimos siete años; durante este período
hemos mantenido un trato comercial muy asiduo con ellos, sin que nunca
hayamos tenido motivos de reclamaciones ni quejas. Se trata de una casa
seria y de confianza, en pocas palabras. Por esta razón, no vacilo en reco-
mendarla a Ud., convencido como estoy de las ventajas que hallará en el
trato que su empresa pueda realizar con esta firma británica.

Mucho le agradeceré la buena acogida que pueda prestar al representante de Warren, Sr. James Bell, que según mis noticias pasará por Oviedo
hacia mediados de este mes. Como siempre, le envío mis saludos cordiales.

E. Méndez Trueba

Administrador

Modelo 5: *respuesta a una recomendación solicitada previamente*

SECOINSAL
Avda. de la Luz, 3
08001 Barcelona

23 de febrero de 199...

Sociedad de Estudios Orales
Dr. Robert, s/n.
08028 BARCELONA

Señores:

En respuesta al pedido verbal que días pasados me hicieran Vds., y tras consultar mis ficheros, me complazco en recomendarles al Sr. Martín Peña, un experto excelente en el tema de la organización pedagógica.

Tanto por sus conocimientos como por sus cualidades personales, el Sr. Peña me parece ser el profesional sólido y de confianza que Vds. necesitan.

Me resultaría muy grato que llegaran a un acuerdo. Reciban mis atentos saludos.

Ada Riera Novell

Directora-Gerente

Modelo 6: *recomendación de un agente de Cambio y Bolsa*

ÁLVAREZ HNOS.
c/. del Mar, 6
46004 Valencia

3 de febrero de 199...

Sres.
Cortés y Díez
c/. del Puerto, 32
11011 CÁDIZ

A la atención del Sr. Alonso Díez
Asunto: recomendación

Estimado Sr. Díez:

Con estas líneas respondo a su carta del 27 de enero pasado. En ella me solicitaba datos acerca de un buen agente de Cambio y Bolsa de Madrid.

Nosotros utilizamos los servicios del Sr. Severo Hernando Prat, un profesional de larga actuación en esa ciudad. Su seriedad profesional y su solvencia son reconocidas en todo el ambiente bursátil de España.

El Sr. Hernando tiene su despacho en la calle Mayor, 78, 3.º, izq., 28013 Madrid.

No dudo en recomendarle los servicios del Sr. Hernando, con el que une una relación de muchos años y ampliamente satisfactoria. Estoy seguro de que Uds. también encontrarán en él un consejero fiel y serio.

Quedo a su disposición y me despido de Ud. con saludos cordiales.

Benjamín Álvarez

s/ref.: AD/o1/21
n/ref.: BA/bp/A1

Certificados

Modelo 1: *certificado de haber prestado servicios*

Ricardo Martínez Higueruela, Director Gerente de INCOMSA, Instalaciones y Complejos, S. A.

CERTIFICO:

Que el Sr. Fernando García Cuesta ha prestado sus servicios en esta empresa desde el día 15 de mayo de 1984 hasta el 30 de abril de 1989, fecha en que voluntariamente ha decidido rescindir su contrato, habiendo cumplido sus obligaciones durante todo este tiempo con gran acierto y total dedicación.

Y para que pueda constar a los efectos oportunos, a petición del propio interesado, expido el presente certificado, en Valencia, el día 1 de mayo de 1989.

Ricardo Martínez Higueruela

(sello de la empresa)

Modelo 2: *certificado de trabajo y buena conducta*

Pablo Santillana Molinero, Director Gerente de la Compañía Nacional de Aguas y Electricidad, y en su nombre el Jefe de Personal,

CERTIFICA:

Que la Sra. Carmela Ramírez Rebolledo ha estado desempeñando durante diez años el cargo de recepcionista y telefonista en esta empresa, cesando en el mismo el día 1 de julio de 1989, en que por razones personales presentó la solicitud de baja voluntaria;

que, durante todo el tiempo que ha permanecido en plantilla, ha venido cumpliendo las funciones propias del citado cargo con gran eficacia y máximo interés, habiendo mantenido además un comportamiento personal absolutamente correcto.

Y, para que conste, expido la presente a petición de la interesada, en Madrid, el día diecinueve de mayo de mil novecientos noventa.

Rosendo Colomer
Jefe de Personal

Vº Bº
El Director Gerente

Pablo Santillana

Modelo 3: *certificado de haberes*

Santiago Requena Benítez, Jefe de Personal de Industrias Eléctricas Asociadas, S. en C.,

CERTIFICO:

Que el Sr. Carlos Mateo Orgaz pertenece a la plantilla de esta empresa desde el día 1 de septiembre de 1980, desempeñando el cargo de Técnico de Costes y de Organización, por lo cual le corresponden y percibe anualmente unos emolumentos brutos de
3.700.000 Ptas. (tres millones, setecientas mil).

Y para que pueda hacerlo constar donde le conviniere, expido el presente certificado, a petición del propio interesado, en Madrid, a veinticinco de mayo de mil novecientos noventa.

Santiago Requena Benítez

(sello de la empresa)

Modelo 4: *certificado de inscripción*

Esteban Costa Puigdengolas, Secretario del Gremio de Detallistas de la Alimentación de esta ciudad,

CERTIFICO:

Que el Sr. Benigno Sánchez Urquijo figura inscrito en el registro de asociados de este Gremio desde el día 20 de julio de 1968, sin que hasta el día de la fecha haya cesado en sus obligaciones y derechos.

Y para que así conste a los efectos oportunos, a petición del interesado expido el presente certificado en Manresa, el día diez de abril de mil novecientos ochenta y nueve.

Esteban Costa

Secretario

Vº Bº
El Presidente

Modelo 5: *certificado de autorización*

Isidro Espartero Yagüe, Presidente de la Sociedad Cooperativa Rural y Ganadera,

CERTIFICO:

Haber delegado autorización en la persona del Sr. Justo Caminero Marino, para que pueda representar a esta Sociedad Cooperativa y, en su nombre, formalizar cuantas operaciones de compra estime convenientes, durante el desarrollo de la campaña agraria en curso.

Y para que pueda hacerlo constar donde le sea requerido, expido el presente certificado de poderes en Jaén, el día veinte de noviembre de mil novecientos ochenta y nueve.

Isidro Espartero Yagüe

Presidente

(Sello de la Sociedad)

Circulares bursátiles

Modelo 1: *circular sobre ampliación de capital*

INDUSTRIAS METALÚRGICAS DEL NORTE, S. A.

<u>Ampliación de Capital</u>

El Consejo de Administración, en virtud de la autorizaeión concedida por la Junta General de Accionistas celebrada el día 14 de mayo del año último, ha acordado proceder a elevar el capital social en las siguientes condiciones:

1) Importe de la emisión: 198.542.500 pesetas, representadas por 398.469 acciones ordinarias al portador de 500 pesetas nominales cada una, numeradas del 3.784.264 a 4.182.732, ambos inclusive.

2) Proporción: UNA acción nueva por cada CINCO acciones antiguas en circulación.

3) Tipo de emisión y desembolso: a la par, con desembolso del 80 % a cargo del suscriptor (400 pesetas por cada acción nueva suscrita) y el 20 % restante liberado con cargo a Reservas.

4) Plazo de suscripción: del 20 de mayo al 20 de junio del año próximo.

5) Procedimiento: estampillado. Clave de valor del Banco Nacional: 34527391.

6) El Folleto de emisión, con los restantes datos, está a disposición de los interesados en el Servicio de Estudios de la Bolsa de Bilbao y el domicilio Social.

Las operaciones de suscripción podrán realizarse en las oficinas de las entidades bancarias siguientes: Banco Nacional, Banco de la Industria, Caja de Ahorro Cooperativa, Caja de Ahorros Virgen del Mar y en la oficina de accionistas de la sede social, calle Olavide, 43, de Bilbao.

Bilbao, 25 de abril de 199...

El Secretario del Consejo

Modelo 2: *circular con extracto del informe del presidente*

CIRCULAR

Sr.: ....

Extracto del Informe del Presidente del Consejo de Administración, Sr. .... y resumen de los acuerdos principales adoptados en la Junta General de Accionistas celebrada el 10 de junio de 199...

Las Operaciones de Importación Directa, en las que se actúa como comisionista, han ascendido a 989,5 millones de pesetas.

El valor teórico de la acción al 31-12 último, después de la aplicación de beneficios, asciende al 314,6 %.

Las cifras más relevantes son las que se citan a continuación, en millones de pesetas:

Cifra de negocio	19.674,3	(+22,6 %)
Beneficio antes de impuestos	479,2	(+19,8 %)
Recursos permanentes	11.124,2	(12,3 %)

Circulares comerciales

Modelo 1: *comunicando un traslado de oficinas*

GUZMÁN ESPINOSA Y CÍA.
Albéniz, 45
09007 Burgos

10 de septiembre de 199...

Sr. Salvador Guillén
Robledo, 11
42003 SORIA

Distinguido señor:

Nos complace anunciarle que, a partir del día 1 del próximo mes de octubre, nuestras oficinas quedarán instaladas en la nueva sede de:

Paseo de Briviesca, 19
09003 Burgos

de cuya dirección le rogamos que tome buena nota (no sufrirán variación los números telefónicos).

Este traslado ha sido motivado por el progresivo incremento que ha experimentado nuestra firma en los últimos años y también por el deseo de ofrecer un mejor servicio a nuestros clientes y amigos.

El día anterior a la fecha indicada, las actuales instalaciones de la calle Albéniz se cerrarán definitivamente al público, y en lo sucesivo serán utilizadas exclusivamente por personal de nuestra plantilla.

Al ofrecerle nuestro nuevo domicilio, al que deberá dirigirse en adelante, queremos aprovechar la ocasión para darle a Vd. las gracias por habernos honrado con su confianza hasta este momento.

Le saludan atentamente,

GUZMÁN ESPINOSA Y CÍA.

Modelo 2: *anunciando un cambio de números telefónicos*

TALLERES ROBLES
Progreso, 81
08012 Barcelona

7 de abril de 199...

Suministros Mecánicos, S. A.
Novas, 83
08030 BARCELONA

Señores:

La Compañía Telefónica nos ha comunicado que, a partir del próximo día 30 de abril, nuestros números telefónicos pasarán a ser los siguientes:

(93) 205 40 12
(93) 305 40 13

en lugar de los que hasta ahora venían utilizando en sus comunicaciones con nosotros.

Nos apresuramos a trasladarles esta información para evitarles demoras innecesarias en sus llamadas, y les rogamos que se sirvan tomar buena nota de la misma.

Aprovechamos la ocasión para saludarles atentamente,

TALLERES ROBLES

Modelo 3: *anunciando la apertura de un nuevo negocio*

LIBRERÍA Y ARTÍCULOS DE ESCRITORIO «SOL»
Joan Sallent Armengol
Pza. Rellinars, 9
08225 Sabadell

7 de octubre de 199...

Sra. Montserrat Camps
Roma, 36
08228 SABADELL

Distinguida señora:

Nos es grato comunicarle que acabamos de abrir al público un establecimiento dedicado a la venta de libros, publicaciones, artículos de escritorio y material de oficina, y deseamos hacerle saber que, desde este momento, nos tiene a su disposición en las señas que figuran en el membrete.

Al remitirle esta carta, nuestro propósito no es promover unas ventas inmediatas, sino ante todo interesarle para que se decida cuanto antes a visitarnos.

Contamos a nuestro favor con una larga experiencia en este sector comercial, y aspiramos a ofrecerle una asistencia y un servicio como hasta ahora no ha podido Vd. encontrar.

Sepa, por lo tanto, que nos hallará siempre e incondicionalmente dispuestos a servirle y tan sólo deseando que se beneficie de nuestras atenciones.

Confiamos que para el futuro no dejará de tener en cuenta nuestra oferta, y aprovechamos gustosos la ocasión para saludarle muy atentamente,

LIBRERÍA Y ARTÍCULOS DE ESCRITORIO «SOL»

Joan Sallent Armengol

Modelo 4: *comunicando la apertura de una nueva sucursal*

SASTRERÍA Y NOVEDADES GALLEGO
Confección y Medida Caballeros
Prado, 176-178
28014 Madrid

5 de septiembre de 199...

Sr. Fernando Quiroga Vega
Romero, 11, 3.º
28023 MADRID

Distinguido cliente:

Nos complace poner en su conocimiento que, a partir del día 1 del próximo mes de octubre, quedará abierta al público nuestra sucursal dedicada a MODA JUVENIL para ambos sexos, sita en la calle

Vega Villarejo, 31
28013 Madrid

donde le atenderemos con la seriedad y la consideración que nos han ganado el favor de nuestros clientes.

En las nuevas dependencias, el público joven hallará a su disposición las novedades y las mejores marcas de la moda actual, en líneas clásicas y en estilos modernos, así como un esmerado servicio de confección a medida.

Deseamos que la apertura de los nuevos locales sirva para acercarnos más aún a nuestra distinguida clientela, y confiamos en que pronto nos honrará Vd. con su visita.

Aprovechamos gustosos la ocasión para reiterarle nuestra consideración de siempre y remitirle un cordial saludo,

SASTRERÍA Y NOVEDADES GALLEGO

Modelo 5: *anunciando fechas de cierre por vacaciones*

HERMANOS BENÍTEZ
Medina, 36
14006 Córdoba

1 de junio de 199...

Sucesores de J. Rodrigo
Colchoneros, 24
41008 SEVILLA

Señores:

Les informamos que nuestra casa permanecerá cerrada por VACACIO-NES ESTIVALES

del 1 al 31 de agosto

rogándoles que tomen buena nota de las citadas fechas, a fin de realizar sus próximos pedidos con la debida antelación, si desean recibirlos en julio o septiembre.

Como siempre, les atenderemos con nuestra acostumbrada atención. Aprovechamos la oportunidad para saludarles atentamente,

HERMANOS BENÍTEZ

Modelo 6: *comunicando un reajuste en el horario laboral*

ESTAMPADOS MECÁNICOS, S. A.
Munguía, 79
48904 Baracaldo

15 de julio de 199...

Sr. Fermín Zabalza Royos
Araquil, 76
31015 PAMPLONA

Les rogamos que tome/n buena nota de que, a partir del 1 del mes de septiembre próximo, nuestro horario laboral será el siguiente:

MAÑANAS de 8 a 1
TARDES de 3 a 7
(de lunes a viernes)

El mismo ha sido convenido entre la Dirección de nuestra empresa y el personal de la plantilla, y regirá para oficinas y fábrica.
Estamos seguros de que supondrá una mejora que ha de redundar en beneficio de nuestros clientes y amigos, a quienes expresamos nuestra consideración.

ESTAMPADOS MECÁNICOS, S. A.

Modelo 7: *anunciando un aumento de precios*

LA HERMANDAD SANITARIA, S. A.
Servicios Médicos y Clínicos
Rosales, 147
28803 Alcalá de Henares

Diciembre de 199...

Distinguidos asociados:

El progresivo encarecimiento de los servicios sanitarios, motivado en parte por la incesante elevación del coste de la vida y, en parte no menos importante también, por los avances tecnológicos que constantemente se incorporan a la medicina, nos obligan a elevar moderadamente las cuotas de nuestros abonados, las cuales procuramos mantener a pesar de todo en los niveles más reducidos, en comparación con las medias que se aplican en el sector.

En consecuencia, le rogamos que se sirva tomar buena nota de las que entrarán en vigor el próximo 1 de enero:

SERVICIO A (con prestaciones completas)

Individual	1.100 ptas.
Doble	2.100
Familiar (3 personas)	3.200
Familiar (4 personas)	4.300
Por persona adicional	1.000

SERVICIO B (con prestaciones limitadas)

Individual	1.000 ptas.
Doble	1.900
Familiar (3 personas)	2.900
Familiar (4 personas)	3.900
Por persona adicional	900

Esperamos que sabrá comprender los motivos que han impuesto la necesidad de efectuar, muy a pesar nuestro, este reajuste en los precios, y confiamos en que seguiremos contando con su confianza de siempre.

Aprovechamos la ocasión para reiterarnos a su servicio y le saludamos con toda consideración.

LA HERMANDAD SANITARIA, S. A.

Modelo 8: advirtiendo de una baja coyuntural en los precios

ALCALÁ Y PERIS, S. en C.
Apdo. de Correos 1.379
46023 Valencia

5 de mayo de 199...

Fundiciones y Herrería Prats, S.L.
Asturias, 23-25
08912 BADALONA

Señores:

Habiendo quedado satisfactoriamente resueltos los conflictos que durante casi medio año, y de forma ininterrumpida, han impedido el cargamento de las mercancías en las cuencas carboníferas de las que principalmente nos abastecemos, les comunicamos que la situación ha entrado en vías de normalización.

Nos apresuramos a informarles, además, que por efecto del mineral acumulado en todo este tiempo en las explotaciones, hecho al que se ha sumado la nueva paridad recientemente acordada por la comunidad económica internacional para las principales divisas, nos es posible ofrecerles reemprender los suministros a un precio inferior al cotizado en las últimas partidas anteriores, como podrán comprobar en la relación adjunta.

Queremos hacerles observar que, sin embargo, se trata de una reducción que, por ser debida a circunstancias puramente coyunturales, sabemos que va a tener una duración limitada.

Así pues, considerando el interés de nuestros clientes, nos permitimos sugerirles que no dejen de aprovechar la oportunidad que a todos se nos brinda en estos momentos y cursen sus pedidos en el menor plazo de tiempo posible.

Asegurándoles el pronto cumplimiento de sus encargos, esperamos sus noticias y les saludamos atentamente,

ALCALÁ Y PERIS, S. en C.

Vicente Peris
Apoderado

Anexo: 1 nota de precios.

Modelo 9: *anunciando la visita de un viajante*

MANUFACTURAS Y NOVEDADES, S. A.
Castellfort, 97
08017 Barcelona

20 de septiembre de 199...

Sr. Luis Grijalbo
Alvarado, 75
09004 BURGOS

Distinguido cliente y amigo:

Nos complace comunicarle que la primera semana del próximo mes de octubre nuestro viajante, Sr. Miguel Villa, estará en esa ciudad y tendrá el gusto de visitarle para mostrarle las novedades que acabamos de lanzar al mercado, con vistas a la próxima campaña de Navidad y Reyes.

Tenemos la seguridad de que dará su aprobación a los modernos y vistosos diseños creados especialmente por nuestros estilistas, y también de que asimismo coincidirá con nosotros en que una vez más, como ya es norma habitual en todas nuestras ofertas, estamos ofreciendo los precios más competitivos del mercado.

Confiando en que, cuando Vd. pueda comprobarlo personalmente, no dudará en dejarlo bien reflejado en su pedido, nos reiteramos a su entera disposición y le saludamos muy atentamente,

MANUFACTURAS Y NOVEDADES, S. A.

Modelo 10: *informando de un cambio en la dirección*

COMERCIAL DE SALAZONES Y CONSERVAS, S. A.
Padre Plaza, 89
15011 La Coruña

1 de marzo de 199...

Sr. Ramiro Belmonte
Chueca, 19
28904 GETAFE

Señor:

Nos complace anunciarle que con esta fecha el cargo de Director-Gerente de nuestra empresa pasará a estar ocupado por el Sr. Francisco Bordas Costa, quien cubre así la vacante dejada por el Sr. Ignacio Reyes, que ha venido desempeñando las mismas funciones hasta que ha decidido dejarnos para disfrutar de un merecido retiro.

El Sr. Bordas Costa es un profesional de gran experiencia y estamos seguros que se desenvolverá con la misma ilusión y eficacia que su predecesor.

Rogándoles que tomen buena nota de su firma, estampada al pie, les aseguramos continuidad en todos nuestros mejores servicios y aprovechamos la ocasión para saludarles atentamente,

COMERCIAL DE SALAZONES Y CONSERVAS, S. A.

Administrador

Sr. Francisco Bordas Costa firmará:

COMERCIAL DE SALAZONES Y CONSERVAS, S. A.

Director-Gerente

Modelo 11: *notificando haber apoderado a un empleado*

RAMOS Y DUARTE, S. L.
Villarrosa, 81
21007 Huelva

1 de septiembre de 199...

Transportes y Desmontajes, S. A.
Tesorillo, 15
11011 CÁDIZ

Señores:

Les informamos que con esta fecha hemos otorgado poderes al Sr. Ricardo Morán Lucena, de esta casa, quien queda facultado a partir de ahora para concertar toda clase de operaciones comerciales y bancarias.

Les rogamos que tomen buena nota de la firma estampada al pie y en lo sucesivo la consideren a todos los efectos.

Les saludamos atentamente,

RAMOS Y DUARTE, S. L.

Administrador General

El Sr. Ricardo Morán Lucena firmará:

RAMOS Y DUARTE, S. L.

Apoderado

CREACIONES JUVENILES «BOX», S. A.
Cardenal Barranquilla, 17
34005 Palencia

9 de octubre de 199...

Almacenes Requena, S. L.
Rías Gallegas, 18
28005 MADRID

Señores:

Les informamos que, en virtud de la escritura otorgada ante el notario Sr. Pedro de Valcárcel, ha quedado constituida la sociedad

CREACIONES JUVENILES «BOX», S. A.

con un capital desembolsado de cincuenta millones de pesetas.

La nueva razón social estará dedicada al diseño y la confección de piezas de vestir para jóvenes de ambos sexos, así como también a la realización de modelos especiales siempre que sean encargados en cantidades que lo hagan posible.

Contamos para ello con la colaboración de un equipo de diseñadores de primera línea, especializados en moda juvenil, y hemos instalado en nuestros talleres la maquinaria necesaria para producir prendas de gran duración y acabado perfecto.

Hemos encargado ya las primeras partidas de géneros a los mejores fabricantes de textiles, y oportunamente les remitiremos el primer catálogo con los modelos que van a servirnos de presentación.

Al dirigirnos a una firma del prestigio y de la importancia que les distinguen, queremos también poner nuestros medios y nuestros conocimientos a su disposición para confeccionar por encargo todo tipo de modelos, con la marca propia o con la que nos sea indicada.

La dirección de la sociedad estará a cargo de los señores

Sr. Herminio González, como Director Gerente, y
Sr. Alfonso de la Cuesta, como Director adjunto,

habiendo apoderado además a los socios accionistas, señores

Sr. Luis Comellanos,
Sr. Roberto Luque y
Sr. Antonio M.ª Molinero

Para representar legalmente y obligar a la sociedad será necesaria la firma de uno de nuestros Directores o la de dos de nuestros apoderados.

Confiando en que sabrán dispensarnos una favorable acogida, nos ofrecemos a su servicio y les saludamos muy atentamente,

CREACIONES JUVENILES «BOX», S. A.

Director Gerente

El Sr. A. de la Cuesta firmará: CREACIONES JUVENILES «BOX», S. A.

Director adjunto

El Sr. L. Comellanos firmará: CREACIONES JUVENILES «BOX», S. A.

Apoderado

El Sr. R. Luque firmará: CREACIONES JUVENILES «BOX», S. A.

Apoderado

El Sr. A. M.ª Molinero firmará: CREACIONES JUVENILES «BOX», S. A.

Apoderado

Modelo 13: *disolución y traspaso de una sociedad*

JAVIER PARDEZA LINARES
Muebles y Decoración
Guardamar, 78
46016 Valencia

1 de julio de 199...

Sres. Laguardia y Villa
Cabo, 21
46002 VALENCIA

Distinguidos señores:

Ponemos en su conocimiento que a partir del 1 de septiembre próximo habré cesado en mis actividadades profesionales.

La continuidad de esta casa, sin embargo, quedará asegurada a todos los efectos gracias a la constitución de la razón social **MOBILIARIO MODERNO, S. A.**, a la que han sido traspasados la tienda, los talleres y las demás dependencias, y a la cual quedaré vinculado en calidad de socio.

Las personas que se ocuparán de la dirección de la nueva sociedad garantizan esta continuidad con su solvencia económica y moral y una larga experiencia profesional en el sector.

Tengo la seguridad de que dispensarán a la firma que se ha constituido para sucederme, la consideración y la confianza con que a lo largo de más de cincuenta años de ininterrumpida actividad me han honrado y, por este motivo, al expresarles hoy mi gratitud, debo manifestarme ante Vds. doblemente reconocido.

Aprovecho esta oportunidad para hacerles llegar el testimonio de mi consideración y mis mejores saludos.

Javier Pardeza Linares

Modelo 14: *circular que debe acompañar a la anterior*

MOBILIARIO MODERNO, S. A.
Guardamar, 78
46016 Valencia

1 de julio de 199...

Sres. Laguardia y Villa
Cabo, 21
46022 VALENCIA

Distinguidos señores:

Con referencia a la circular adjunta, en la que se informa del cese del Sr. Javier Pardez al frente de su negocio de muebles y decoración, nos complace poner en su conocimiento que, según escritura pública otorgada ante el notario Sr. Vicente Almazán, ha quedado constituida una sociedad anónima que girará bajo la razón social

MOBILIARIO MODERNO, S. A.

sita en la dirección del negocio cuyo cierre les ha sido también comunicado.

La nueva sociedad seguirá en las mismas actividades desarrolladas hasta la fecha por el señor Pardeza, quien ha aceptado vincularse a la misma en calidad de socio y cuya valiosa colaboración ha quedado de esta forma asegurada.

La razón social de MOBILIARIO MODERNO, S. A. ha sido constituida con un capital desembolsado de diez millones de pesetas, que permitirán poner en práctica una serie de proyectos, que habrán de redundar en beneficio de los servicios que la firma asume.

La dirección de la misma ha quedado encomendada a los señores

Sr. Armando Cuevas, Director Gerente, y
Sr. Feliciano Linares, Administrador

y para que quede representada legalmente se precisará, debajo de la antefirma de la Sociedad, la firma de uno de los señores mencionados, ambas estampadas al pie de la presente y de las que les rogamos que tomen buena nota.

Con la seguridad de que en el futuro se servirán Vds. dispensarnos la misma confianza que hasta la fecha han venido otorgando a nuestro antecesor, nos ponemos a su disposición.

Atentos saludos de

MOBILIARIO MODERNO, S. A.

El Sr. A. Cuevas firmará: MOBILIARIO MODERNO, S. A.

Director Gerente

El Sr. F. Linares firmará: MOBILIARIO MODERNO, S. A.

Administrador

Modelo 15: *convocatoria de junta de acreedores*

COMERCIAL DE ABONOS Y SEMILLAS, S. A.
Rambla Maeztu, 49
30204 Murcia

1 de mayo de 199...

Sr. Mariano Pacheco
Barceló, 11
30205 MURCIA

Señor:

A causa de las excepcionales circunstancias por las que en los últimos tiempos ha atravesado nuestra empresa, con los consiguientes descalabros económicos que han dañado seriamente el estado de nuestra economía, nos hemos visto en la obligación de presentar nuestros libros al Juzgado, solicitando la suspensión de pagos, que acaba de sernos concedida.

En su virtud, figurando Vd. en la lista de acreedores de nuestra Sociedad, le rogamos que se dé por convocado a la Junta General de Acreedores que tendrá lugar en nuestra sede social, el día 1 de junio próximo, a las 10 horas.

Siendo nuestro propósito reducir en lo posible la moratoria y proceder progresivamente a la liquidación de todos los pagos, hemos ultimado un plan de saneamiento y recuperación económica que, a buen seguro, restablecerá la estabilidad de nuestra Sociedad, y además confiamos en que podrá ser recibido como la mejor prueba de nuestra buena disposición.

Le rogamos su asistencia personal a esta Junta, o delegada en apoderado con poder bastante para tomar las decisiones necesarias, y queremos incluir en esta carta nuestro atento saludo.

Atentamente,

COMERCIAL DE ABONOS Y SEMILLAS, S. A.

Modelo 16: *anunciando la disolución de una sociedad*

HERMANOS SALMERÓN Y CÍA.
Manipulados de yute para embalajes
Dr. Fleming, 79
08700 Igualada

5 de febrero de 199...

Sr. Jorge Casanovas
Castellvell, 75, 3.º
08017 BARCELONA

Señor:

Le informamos de la disolución, de común acuerdo, y a partir del día de la fecha, de la sociedad que ha girado bajo la razón social

HERMANOS SALMERÓN Y CÍA.

La correspondiente liquidación tendrá lugar en el domicilio social, siendo el Sr. Ricardo Salmerón Prado la persona encargada de gestionarla.

Agradecemos la confianza con que nos ha honrado hasta el día de hoy, y aprovechamos la ocasión para saludarle atentamente,

HERMANOS SALMERÓN Y CÍA.

Circulares de venta por correspondencia

Modelo 1: *circular de motivación de ventas*

FACOMEX, S. A.
Electrodomésticos

Oficinas: P.º del Soto, 26
Tels.: 435 28 90/91/92
Télex: 46128 FACM E
28006 Madrid

Fábrica: Morellas, 64-68
Tels.: 721 36 78/79
28803 Alcalá de Henares

Sra. Paz García de Palomares
La Roca, 79, 2.º 3.ª
28042 MADRID

Estimada señora:

Sabemos que el tiempo es un bien muy escaso para el ama de casa. La limpieza diaria, el cuidado de los hijos y del esposo, la ropa que se amontona ante la máquina de lavar, las compras, la cocina, el baño de los más pequeños, etcétera, etcétera. Toda una serie de obligaciones diarias e inaplazables, que parecen acumularse para ocupar cada uno de sus minutos.

Hoy queremos sugerirle que se ocupe de Vd. misma.

Todos estos problemas amenazan con minar su salud. Dañan su sistema nervioso. Alteran su equilibrio psíquico. Y además ocasionan continuamente roces con su familia. La comida no está dispuesta. La camisa, sin planchar. Llegan los niños del colegio... y casi todo está aún por hacer.

Sólo le pedimos que nos dedique unos instantes y siga leyendo.

Llevamos más de veinte años dedicados a la fabricación de aparatos tan cotidianos como son una olla a presión, una manta eléctrica para calentar la cama en invierno, una lavadora que se mejora a sí misma en cada modelo, lavaplatos, baterías de cocina antiadherentes, calentadores, secadores, cuchillos eléctricos, etcétera.

En fin, todos los objetos y todas las máquinas que pueden ayudarle a conseguir una vida más cómoda para Vd. y los suyos.

Porque nuestra finalidad es su comodidad y su felicidad. Y como no queremos vender promesas, sino realidades, presentes, y no futuras, hemos decidido poner en práctica un plan de apoyo a las familias que, mediante un revolucionario sistema de plazos fragmentados, le permitirá renovar o completar su equipo de electrodomésticos y aparatos para el hogar sin someterse a ningún tipo de esfuerzo económico.

Visite hoy mismo a nuestro distribuidor y lo comprobará. Hay uno cerca de su casa que está deseando ayudarle.

FACOMEX, S. A.

Modelo 2: *carta de venta directa a particulares*

PROMOCIONES PARA EL HOGAR, S. A.
Apdo. de Correos n.º 3.764
08003 Barcelona

Distinguida señora:

Hay razones mucho más importantes que las que aquí vamos a exponer, para justificar la permanente higiene y limpieza que Vd. debe mantener en su hogar. La suciedad, el polvo, los residuos y las partículas que se acumulan en los rincones, son una constante y grave amenaza para su salud y la de los suyos.

Pero también hay otros motivos que no tienen porqué ser descartados. De éstos en particular queremos hablarle.

¿Cuántas horas dedica diariamente a tener su casa ordenada y limpia? No pocas, sin duda. Y Vd., que sabe como nadie los esfuerzos que esto le supone, probablemente es la primera en lamentar que los resultados conseguidos no siempre estén a la vista ni a la altura de tanto y tanto sacrificio.

Piense por un momento en las veces que ha tenido que hacer oídos sordos a preguntas como: ¿Hoy no has quitado el polvo?; ¿Aquí ya has limpiado?

Porque los suyos están acostumbrados a lo mejor, y se lo exigen en cada ocasión. La cama más caliente y confortable en invierno, y más cómoda y fresca en verano. La mesa bien puesta todos los días. La ropa impecablemente limpia, olorosa, y suave.

Nuestros lotes de limpieza PROHOGAR le ofrecen una gama completa de productos para la limpieza de toda la casa. Desde un detergente especial para los suelos que Vd. desearía dejar encerados y con brillo, hasta el lavavajillas que elimina la grasa y las adherencias más resistentes. Sin olvidar un limpiacristales de fácil aplicación y efectos inmejorables, o un abrillantador para los muebles que le permitirá ahorrar en tiempo y dinero lo mismo que va a ganar Vd. en reluciente limpieza.

Los lotes de limpieza que PROMOCIONES PARA EL HOGAR le ofrece, pensando exclusivamente en su comodidad y su satisfacción, sólo pueden adquirirse por correspondencia. Están compuestos por toda la gama de productos necesarios para hacer posible una limpieza a fondo, y han sido seleccionados entre los mejores de los primeros fabricantes, nacionales y extranjeros, y envasados con nuestra marca. Se presentan en dos tipos distintos, según el tamaño y la capacidad de los envases.

	PROHOGAR 1	PROHOGAR 2
Detergente para suelos	1 litro	5 litros
Abrillantador suelos	1 litro	5 litros
Limpiacristales	250 cc	5 litros
Lavavajillas	1 kg	5 kg
Limpiabaños	1 kg	3 kg
Limpiamuebles	1/2 litro	3 litros
Bayetas	2	5
Gamuzas	1	2
Esponjas cocina y baño	2	5
PRECIO	1.500 ptas.	3.000 ptas.

Ahora tiene la oportunidad de adquirirlos a un precio ventajoso (haga Vd. misma las comparaciones), de recibirlos puntualmente en su domicilio (piense en el esfuerzo que le evitamos) y de acogerse a la posibilidad de que le sea admitida su DEVOLUCIÓN si, tras hacer la prueba con uno sólo de los productos, se siente defraudada por nuestras promesas.

Rellene el cupón de pedido adjunto sin pérdida de tiempo. ¡Sabemos que repetirá la compra!

Modelo 1 bis: *boletín de pedido que acompaña la anterior circular*

PROMOCIONES PARA EL HOGAR, S. A.

Deseo que remitan sin demora .... lote/s completo/s de productos PROHOGAR 1/2, cuyo importe de .... ptas., que abonaré a la entrega de los géneros, me será reintegrado en su totalidad si, antes de transcurridos diez días, habiendo hecho la prueba con uno de los productos, no lo encuentro de mi conformidad.

Firma

Sra. ....
Domicilio ....
Población ....

Modelo 2: *venta con catálogo y derecho a devolución*

SERVICIOS Y PROMOCIONES DE VENTAS
Gancedo, 91, 1.º
28044 Madrid

Querido cliente:

El progreso, además de no detenerse, está sometido a una aceleración continua. Incluso el tiempo, que pasa por ser un concepto estable donde los haya, parece avanzar hoy más deprisa que nunca.

¿Le gustaría a Vd. poder tener una medición cronológica exacta en todo momento, segundo a segundo, de cuanto acontece?

Sin duda estará Vd. al corriente de los sorprendentes adelantos técnicos que han llevado a una perfección insospechada en el arte de la relojería.

Pero un reloj es mucho más que un simple instrumento de precisión, que un aparato de medición. Es también, Vd. lo ha sabido siempre, una pequeña obra de arte, una joya valiosa que se desea y se disfruta, con la que se obsequia, que se atesora, que se guarda siempre y se contempla varias veces al día.

Así son los relojes de la colección «VIEUX HORLOGER» para caballero y señora. Una maravilla de la tecnología más avanzada, montada en unos acabados modernos y funcionales de gran calidad artística e insuperable belleza.

Vea características, modelos y precios en el catálogo adjunto y, si desea comprobarlo personalmente, rellene ahora mismo el Boletín de Pedido. Si no queda complacido, admitiremos su devolución por correo certificado y le será reintegrado el importe de su compra.

<u>Modelo 2 bis:</u> *boletín de pedido adjunto a la circular anterior*

SERVICIO Y PROMOCIONES DE VENTAS
Gancedo, 91, 1.º
28044 Madrid

Señores:

Deseo recibir los siguientes artículos de la colección (VIEUX HOR-LOGER)

<u>Modelo</u>	<u>Cantidad</u>	<u>Precio</u>
....	....	....
....	....	....
....	....	....
....	....	....

cuyo importe total, de .... ptas., abonaré mediante reembolso ☐, giro postal ☐, cheque bancario ☐.

Al aceptar esta compra se comprometen Vds. a reintegrarme su importe si, una vez en mi poder las piezas que la constituyen, éstas no resultan ser de mi satisfacción.

NOMBRE Y APELLIDOS ....
CALLE Y N.º ....
LOCALIDAD ....

Modelo 3: *venta con derecho a examen*

EDICIONES CONTEMPORÁNEAS, S. A.
Olleros, 37-39
48006 Bilbao

Distinguido cliente:

Nuestra editorial, siempre destacada en la producción de novedades dedicadas a temas de divulgación cultural y práctica, le ofrece ahora la posibilidad de examinar cómodamente en su propio domicilio, antes de su distribución a quioscos y librerías, la versión en lengua castellana del famoso

DICCIONARIO «THESAURUS» PARA LA FAMILIA Y EL HOGAR

que durante meses se ha mantenido en los primeros lugares en las listas de ventas de las principales librerías de Europa y Estados Unidos, y que ofrece respuestas a todas las preguntas y soluciones a todos los problemas.

Su contenido está estructurado según las distintas materias, lo que la convierte en una enciclopedia temática completa, y por artículos ordenados alfabéticamente dentro de cada una. Además, como comprobará en el folleto adjunto, que reproduce el índice de la obra y el facsímil de una doble página, ha sido objeto de una muy cuidada edición, con profusión de ilustraciones de gran calidad y mapas, tablas, cuadros sinópticos, cronologías, etcétera.

Ha sido redactado por un equipo de prestigiosos especialistas y concebido para resolver todo tipo de consultas, dedicando la misma extensión a las materias de más actualidad y utilidad (política, economía, ecología, deportes, gastronomía, etcétera) que a las materias culturales clásicas (historia, filosofía, literatura, arte, matemáticas, geografía, etcétera).

Rellenando la tarjeta de pedido adjunta le será enviado, a vuelta de correo, contra reembolso de 2.500 ptas., con la particularidad de que efectúa la compra condicionada al examen de la obra durante 15 días, ya que si decide devolvérnosla por correo certificado antes de expirar este plazo, su importe le será reembolsado íntegramente.

EDICIONES CONTEMPORÁNEAS, S. A.

Modelo 3 bis: *boletín que acompaña a la circular anterior*

EDICIONES CONTEMPORÁNEAS, S. A.
Olleros, 37-39
48005 Bilbao

Deseo recibir, sin compromiso por mi parte y para su examen durante 15 días, el
DICCIONARIO «THESAURUS» PARA LA FAMILIA Y EL HOGAR, cuyo importe de 2.500 ptas. abonaré por (señálese con una cruz):

    ☐ Cheque bancario
    ☐ Giro postal (incluir resguardo)
    ☐ Contra reembolso

Sr. ....
Domicilio ....
Población ....

                                                            (firma)

Modelo 4: *circular de venta a plazos*

EDICIONES CONTEMPORÁNEAS, S. A.
Olleros, 37-39
48006 Bilbao

Distinguido señor:

Sólo una empresa editorial arropada por el prestigio y la trayectoria de la que me honro en presidir podía acometer la realización de una obra tan ambiciosa y compleja como nuestra

GRAN ENCICLOPEDIA «THESAURUS»

compuesta por un total de 15 volúmenes, con más de un millón de artículos ordenados alfabéticamente y superando las 30.000 ilustraciones a todo color.

La redacción de esta Gran Enciclopedia ha significado un incalculable esfuerzo editorial, que han logrado hacer realidad más de mil especialistas de las distintas ramas, los cuales se han responsabilizado además de la ingente tarea que supone comprobar y actualizar todos y cada uno de los datos consignados en sus páginas.

Por esta razón, tenemos el placer de informarle de la aparición del primer volumen, tras el cual irán apareciendo trimestralmente los restantes, hasta completar el último tomo.

Con motivo de este lanzamiento al mercado, ofrecemos a los mil primeros suscriptores la posibilidad de adquirirla en cómodos plazos mensuales de 1.500 ptas., con el derecho a rescindir la compra si al recibir el primer volumen deciden que la obra no merece su interés.

Estamos convencidos, sin embargo, de que esta eventualidad tan sólo llegará a darse en una proporción irrelevante y por ello, teniendo en cuenta que estas condiciones tienen el carácter de una oferta limitada, le apresuramos a que cumplimente el Boletín de Suscripción adjunto y nos lo remita, libre de franqueo, sin más demora.

En la seguridad de que podremos contarle entre nuestros mil primeros suscriptores, aprovechamos la presente ocasión para hacerle llegar un atento saludo,

EDICIONES CONTEMPORÁNEAS, S. A.

Presidente Ejecutivo

<u>Modelo 4 bis:</u> *boletín de suscripción para la circular anterior*

EDICIONES CONTEMPORÁNEAS, S. A.

Sr. ....

domicilio ....

profesión ....

Desea recibir los 15 volúmenes de la **GRAN ENCICLOPEDIA** «**THESAU-RUS**», cuya aparición está prevista trimestralmente, comprometiéndose a abonar todos los meses la cantidad de 1.500 ptas., hasta haber satisfecho en su totalidad el importe de la obra, por medio de su

Bco. o Caja de Ahorros ....

Agencia ....

Localidad ....

con cargo a su cta. n.º ....

(firma)

Modelo 5: *primera de dos circulares para una venta*

SONIDO Y FIDELIDAD
Avda. Penyafort, 17
08023 Barcelona

Distinguido señor:

El mundo en el cual nos ha tocado vivir gira en torno a la prisa y al ruido. Las consecuencias que se derivan de esta situación son bien conocidas de todos y nada fáciles de evitar: depresiones, angustia, ansiedad, estrés...

Las contrapartidas para conseguir la paz y el equilibrio tan deseados son, en cambio, pocas. Unos creen poder hallarlos en el alcohol, el tabaco, las drogas, el desenfreno. En suma, en la huida hacia adelante. Otros, sin duda, más afortunados, y también mucho más sensatos, recurren al relax, al descanso en su chalé del campo o de la playa, a las excursiones, al turismo. Los menos, a la lectura, el cine, las aficiones, el coleccionismo, etcétera.

Pero hay una gran mayoría de personas que no ven ninguna salida a su alcance, ni forma posible de inmunizarse ante los riesgos físicos y psíquicos que nos amenazan a todos sin excepción.

Nosotros no compartimos semejante opinión y estamos convencidos de que es posible otra actitud que la resignación. ¿Cuál? ¿Cómo?

Gracias a la música.

Queremos revelarle una solución para todos los males que nos están minando, cuando somos incapaces de romper la rutinaria dinámica de «hogar-trabajo» y «trabajo-hogar», y así sin otro aliciente hasta el momento final. Esta solución es tan antigua como el hombre mismo.

Vaya pasando las páginas del catálogo de ventas que acompaña a esta carta. La gama de equipos de sonido y alta fidelidad FIS-ON es la más completa de las que hoy se encuentran en el mercado.

Es una propuesta revolucionaria en todos los aspectos la que estamos ofreciendo. Vd. va anotando en el boletín de pedido el equipo y los complementos que desea recibir. Al lado de cada uno, en la casilla reservada al efecto, anota el precio de venta que se especifica en el catálogo. Al final, totaliza los importes parciales y divide la cifra en 12, 24 o 36 mensualidades. Sin cargos por transporte ni aplazamiento.

Sabemos que Vd. será sensible a nuestra sugerencia, en su propio interés y más aún en el de los suyos. Entre tanto, mientras aguardamos la confirmación de su encargo para incluirle entre nuestros clientes, queremos hacerle llegar nuestra consideración y un atento saludo.

SONIDO Y FIDELIDAD

171

Modelo 6: *circular 2.ª que sigue a la anterior*

SONIDO Y FIDELIDAD
Avda. Penyafort, 17
08023 Barcelona

Distinguido señor:

Todos los días, de vuelta a casa después de la jornada de trabajo, han concluido sus obligaciones, pero no así su tiempo. Dos horas, tres, tal vez más, de merecido descanso diario, hasta que el sueño pide su turno.

Otros días, puede dedicar al descanso la jornada entera. Éstos le pertenecen aún más a Vd. Todos los fines de semana, varias festividades al año, puentes, vacaciones, etcétera. Pero, ¿son de verdad momentos dedicados realmente al descanso, o son paréntesis de tedio y aburrimiento que parecen interminables? Reflexione un momento y respóndase a sí mismo con toda sinceridad.

¿No ha pensado nunca que podrían ser muy distintos, si los dejase transcurrir cómodamente arrellanado en un sillón y entregado al puro goce de las maravillas del mágico mundo de la música, la más evocadora y sugerente de las artes que jamás el ser humano haya creado?

Nosotros, por nuestra parte, hemos tomado a nuestro cargo la tarea de llevarlos hasta su casa. Sin ningún esfuerzo económico, sin ningún riesgo de que pueda sentirse defraudado cuando ya la compra ha quedado formalizada.

No pierda de vista durante algunos días el catálogo de ventas que le remitimos con esta carta. Vaya entrando sin prisas en el mundo fantástico que la gama de equipos de sonido y alta fidelidad FI-SON le propone... y deje volar su imaginación.

Luego, cuando haya tomado una decisión —porque estamos seguros de que no tardará en descubrir aquel modelo que parece estar pensado a su medida—, rellene la hoja de pedido y escriba el importe de su compra y las mensualidades que está dispuesto a abonar. Complete el boletín con sus datos personales y su firma, y remítanoslo sin pérdida de tiempo.

Nuestras condiciones le ilusionarán. Nuestra calidad, puede estar Vd. completamente seguro de ello, no le defraudará.

Mientras aguardamos su pedido, para cumplimentarle debidamente, permítanos considerarle ya entre nuestros distinguidos clientes. Entretanto, reciba un atento saludo de

SONIDO Y FIDELIDAD

Contrato de reserva de un piso

<u>Modelo 1:</u>

MIR INMOBILIARIA
Avda. Portal de l'Àngel, 3, 4.º
08002 Barcelona

El Sr. Leopoldo Navarro Pérez, con domicilio en la calle Diputación, 201, 4.º 3.ª de Barcelona, con DNI 35.807.241, casado con la Sra. Mercedes Albá Prendes, por el presente documento hace la reserva en firme del piso 8.º, 5.ª, del número 23 de la calle Copérnico de Barcelona, propiedad de MIR Inmobiliaria, realizando la entrega de <u>1.250.000</u> (un millón doscientas cincuenta mil) ptas. que se descontará del pago total o inicial según proceda de firmarse el contrato privado de compraventa antes del día 1 de abril de 199..., quedando, de lo contrario, la cantidad citada como propiedad del vendedor.

La empresa vendedora entregará las llaves aproximadamente el 15 de febrero próximo, salvo en caso de fuerza mayor que lo impida.

El precio total del piso es de <u>4.500.000</u> (cuatro millones quinientas mil) pesetas. Las restantes condiciones se establecerán en el momento de la firma del contrato privado de compraventa.

Barcelona, 10 de enero de 199...

EL COMPRADOR

L. Navarro Pérez

Por el vendedor: D. Mir

Contrato privado de compraventa de un piso

MIR INMOBILIARIA
Avda. Portal de l'Àngel, 3, 4.º
08002 Barcelona

En Barcelona, a 15 de enero de 199..., se reúnen de una parte MIR Inmobiliaria, legalmente representada, y de otra el Sr. Sebastián Gómez Alberch, de estado soltero, con domicilio actual en la calle París, número 62-64, piso 8.º, B. de esta ciudad, provisto del DNI n.º 37.811.632. Ambos contratados están en el pleno uso de sus facultades y derechos, por lo que llevan a cabo el otorgamiento de este

CONTRATO DE COMPRAVENTA

manifestando el representante legal de MIR Inmobiliaria que dicha sociedad es propietaria de la finca situada en la calle de Varsovia, número 158, de esta ciudad.

El Sr. Sebastián Gómez Alberch conoce la memoria, los planos y la construcción del edificio antes indicado. Ambas partes acuerdan la compraventa del piso C de la planta 5.ª (quinta) del referido inmueble en las siguientes

CONDICIONES

Primera: El piso mencionado en el párrafo anterior se vende al Sr. Sebastián Gómez Alberch en la cantidad de tres millones veintiuna mil ciento cincuenta (3.021.150) ptas.

Segunda: MIR Inmobiliaria hace constar que el piso citado está gravado con una hipoteca a la Caja General de Ahorros de seiscientas mil (600.000) ptas., de la que se hace cargo el comprador y que será deducida del importe total del piso.

Los gastos derivados de dicha hipoteca, en su totalidad, serán de la cuenta exclusiva del comprador, como así también los gastos que se originen en la falta de pago de alguna de las mensualidades.

Tercera: Para el pago de la cantidad objeto del presente contrato, se establecen las siguientes condiciones:
a) A la firma del contrato .... 699.075 ptas.
b) Seis pagos trimestrales, en L/ de 81.525 c/u.

	Timbres a cargo del comprador	489.150 ptas.
c)	Préstamo C. de Ahorros, a 10 años	600.000 ptas.
d)	Préstamo MIR Inmobiliaria, a 10 años	1.232.925 ptas.

Precio total 3.021.150 ptas.

Cuarta: Del piso objeto de este contrato se hace cargo el comprador, con todos los servicios en buen estado de funcionamiento y a su entera satisfacción, el día 15 de marzo de 199...

Quinta: Los gastos de comunidad, fijados por el Reglamento de la misma, serán de cuenta del comprador a partir de la fecha indicada en la cuarta condición.

Sexta: La escritura definitiva se realizará cuando se haya hecho efectiva la cantidad por pagar; el vendedor designará al Notario. La escritura se otorgará a nombre de quien designe el comprador.

Séptima: El comprador no podrá vender ni hipotecar el piso que compra, antes de abonar la totalidad del precio estipulado sin autorización escrita del vendedor.

Octava: La falta de pago de alguno de los plazos señalados en la tercera condición otorga derecho al vendedor para rescindir este convenio, en cuyo caso el comprador perderá los derechos y las entregas efectuadas, como indemnización de perjuicios ocasionados al vendedor. La falta de pago se justificará a través del acta de protesto de cualquiera de las letras aceptadas por el comprador, o bien mediante requerimiento notarial, según lo establecido en el Código Civil.

Novena: Los gastos originados con motivo de este contrato y su posterior elevación a escritura pública serán los establecidos por la ley.

Décima: El comprador acepta el Reglamento de la Comunidad, que conoce, y que será unido a la escritura pública, cuando ésta se formalice.

Las partes contratantes, en prueba de conformidad, firman el presente contrato, por duplicado y en el lugar y la fecha indicados arriba.

EL COMPRADOR

Sebastián Gómez Alberch

p. MIR Inmobiliaria:
Ricardo Aguilar

175

Convocatorias de junta de accionistas

Modelo 1: *convocatoria de junta general de accionistas*

MACROSUR, S. A.

Por acuerdo del Consejo de Administración de la Sociedad, se convoca a los señores Accionistas a la Junta General Ordinaria que tendrá lugar en el domicilio social, Hipódromo, 41-43, el próximo día 10 de junio de 199..., a las 17 horas, y con arreglo al siguiente

ORDEN DEL DÍA

Primero: Examen y aprobación, en su caso, de la Gestión Social, Memoria, Balance, Cuenta de Resultados y Distribución de Beneficios, todo ello referido al ejercicio de 199...

Segundo: Aprobación, si corresponde, del plan económico para proceder a una ampliación del capital social, dentro de los límites y las condiciones que se establecen en el artículo 96 de la Ley de Régimen Jurídico de las Sociedades Anónimas.

Tercero: Modificaciones estatutarias y aprobación, si ha lugar, de los nuevos estatutos modificados.

Cuarto: Nombramiento de Accionistas Censores de Cuentas para el próximo ejercicio.

Quinto: Ruegos y preguntas.

Sexto: Lectura y aprobación del acta de esta Junta.

Sevilla, 10 de mayo de 199...

El Consejo de Administración

Modelo 2: *otro escrito convocando a junta de accionistas*

MACROSUR, S. A.

Junta General Ordinaria de Accionistas

En cumplimiento de lo dispuesto en el artículo 15 de los Estatutos Sociales y en la Ley de Régimen Jurídico de las Sociedades Anónimas, el Consejo de Administración comunica a los señores accionistas haber acordado convocar la Junta General Ordinaria.

FECHAS: — 1 de junio de 199..., a las 11 horas, en 1.ª convocatoria.
             — 2 de junio de 199..., a las 11 horas, en 2.ª convocatoria.
LUGAR: Domicilio social, Hipódromo, 41-43

ORDEN DEL DÍA

Primero: Examen y, en su caso, aprobación de la Gestión Social, Memoria, Balance, Cuenta de Resultados y Distribución de Beneficios, referido todo ello al ejercicio de 199...

Segundo: Ratificación de la cotización oficial y contratación pública de las acciones de MACROSUR, de conformidad con la legislación vigente.

Tercero: Modificaciones en el Consejo de Administración.

Cuarto: Nombramiento de Censores Jurados de Cuentas para el ejercicio próximo.

Quinto: Ruegos y preguntas.

Sexto: Lectura y aprobación del acta de esta Junta.

ASISTENCIA:

Reservada a los titulares de acciones que las hayan depositado con cinco o más días de anticipación con respecto a la fecha prevista para la Junta, en la propia Sociedad o en establecimiento público o bancario destinado al efecto.

Los asistentes deberán ir provistos de su tarjeta de asistencia.

Cada acción dará derecho a un voto. Los accionistas con derecho de asistencia podrán hacerse representar por otros accionistas, notificando dicha representación por medio de un escrito dirigido al Presidente del Consejo.

Sevilla, 10 de mayo de 199...
El Secretario del Consejo de Administración

Correspondencia bancaria

Modelo 1: *ordenando abonar en cuenta bancaria*

HERMANOS ROJOS Y CÍA.
Triana, 103
04005 Almería

1 de marzo de 199...

Banco Comercial del Sur
Mediterráneo, 8
04007 ALMERÍA

Señores:

Agradeceremos que se sirvan ordenar a su central de Sevilla que abone en la cuenta del Sr. Fermín Gómez la cantidad de
Ptas. 325.180 (trescientas veinticinco mil, ciento ochenta), cargándonos dicha cantidad más el importe de los gastos de transferencia.

Confiando en el pronto cumplimiento de esta orden, les saludamos atentamente,

HERMANOS ROJO Y CÍA.

Modelo 2: *solicitando la concesión de una cuenta de crédito*

Antonio Pedreira Castaños
Materiales para la Construcción
Hervada, 86
15006 La Coruña

19 de octubre de 199...

Banco del Noroeste
Estrada, 18
15007 LA CORUÑA

A la atención del Sr. Director

Distinguido señor:

Me dirijo a Vd. para solicitarle la apertura de una cuenta de crédito a mi favor, hasta un importe máximo de cinco millones de pesetas.

Observando los movimientos de la cuenta corriente que vengo manteniendo con Vds. desde hace ya diez años, comprobará que el saldo de la misma sufre a veces notables oscilaciones, que se justifican por la circunstancia de que en muchas ocasiones, a fin de aprovechar los períodos en que la cotización de los materiales con los que me dedico a comerciar es más favorable a mis intereses, me veo obligado a tener que efectuar importantes desembolsos.

Espero que brindará una acogida favorable a esta petición y le ruego que disponga que se envíe a mi nombre y dirección una relación de las condiciones exigidas para obtener el citado crédito.

En espera de sus prontas noticias, le saludo atentamente.

Antonio Pedreira Castaños

Modelo 3: *solicitando crédito contra depósito de valores*

PRODUCTOS BERNA, S. A.
Granados, 89
28005 Madrid

19 de noviembre de 199...

Banco de Castilla-La Mancha
Gobernadores, 18
28014 MADRID

Señores:

Agradeceremos que se sirvan informarnos prontamente de la posibilidad de que nos sea concedido un crédito a nuestro favor por valor de Ptas. 3.500.000, contra el depósito de los siguientes efectos que obran en nuestra cartera:

— Por valor de 1.500.000 ptas., en letras aceptadas;
— Por valor de 500.000 ptas., en acciones al portador de la Cía. MO-
— Por valor de 1.000.000 ptas., en títulos de Deuda Estatal.

Confiando en recibir una respuesta pronta y afirmativa, agradecemos de antemano su atención y les saludamos atentamente,

PRODUCTOS BERNA, S. A.
Gerente

Modelo 4: *pedido de sustitución de una letra de cambio*

ISMAEL CUESTA Y CÍA.
Muntaner, 135, 6.º
08011 Barcelona

15 de octubre de 199...

Banco Pirenaico
Sucursal 23
Pza. del Rey, 35
08002 BARCELONA

Señor Director:

Con fecha 5 de noviembre se presentará una L/ a mi cargo, a 30 d/f, por el importe de ....
156.550 ptas. (ciento cincuenta y seis mil quinientas cincuenta), por parte de la firma TRANSEA, S. A.

En este momento una serie de inconvenientes financieros, de Ud. bien conocidos, me imposibilitan el pago de la letra mencionada. Por esta causa, le ruego que se haga cargo del pago y considere que fraccionaré el abono total según los plazos detallados a continuación:

1 Letra por valor de ....
96.550 ptas. pagadera el día 30 de noviembre próximo.
1 Letra por valor de ....
60.000 ptas. pagadera el día 31 de enero próximo. Como en otras ocasiones, los gastos derivados de esta alteración en la fecha de pago correrán por mi cuenta.

En espera de que tenga Ud. a bien aceptar esta solicitud y comunicarme su decisión, le saludo muy atentamente,

Ismael Cuesta

Administrador

n/ref.: IC/ef/22PU

Modelo 5: *aviso para que el banco pague letras*

ADIPRA, S. L.
Alcalá, 97, 3.º
28010 Madrid

23 de marzo de 199...

Banca Unificada
Casa Matriz
Pza. del Callao, 2
28015 MADRID

Señor Director:

Me dirijo a Ud. para que disponga, que a cargo de nuestra cta. cte. n.º 25.036-040 se paguen las L/ por nosotros firmadas y remitidas por la casa Ramón Salvé y Cía. de Ciudad Real. Dichas letras tendrán una periodicidad irregular, dado que se firman para saldar importes de n/órdenes de mercancías a dicha empresa.

Esta orden será cumplimentada hasta un próximo aviso por nuestra parte. Le agradezco su deferencia en cumplir con este pedido y le saludo atentamente,

p. ADIPRA, S. L.

Esteban Traver

Sección de Pagos

n/ref.: ET/jr/85CL

Correspondencia con candidatos a un empleo

Modelo 1: *convocando a un candidato*

ASESORÍA Y SELECCIÓN
Apdo. de Correos 5.679
48080 Bilbao

10 de junio de 199...

Sr. Carlos María Azpiazu
Puerto, 12
48023 BILBAO

Distinguido señor Azpiazu:

Le damos las gracias por su respuesta a nuestra Oferta de Empleo n.º 327, referencia «Director Comercial», y nos complace comunicarle que ha sido incluido entre los candidatos seleccionados.

El director de nuestro gabinete de selección, Sr. de Luis, le recibirá en nuestras oficinas el jueves, 19 de junio, a las 11 horas. En caso de resultarle inconvenientes la fecha y hora prefijadas para la entrevista, le agradeceremos que se ponga en contacto con esta Secretaría para acordar otra cita de mutua conveniencia.

Atentamente,

ASESORÍA Y SELECCIÓN

Secretaría

Modelo 2: *texto breve de convocatoria*

EXCLUSIVAS FUENTES Y PARDO
P.º del Comendador, 127
36205 Vigo

Vigo, 9 de mayo de 199...

Sr. Fulgencio Dado Prestes
Astilleros, 14, 1.º
36200 VIGO

Señor:

Acusamos recibo de su respuesta a nuestro anuncio «Jefe de Sector y Almacenaje» y con esta carta, para cumplimentar las formalidades del proceso de selección de candidatos, le rogamos que se persone en nuestras oficinas, con sus documentos personales y laborales, el próximo jueves 19 de 10 a 13 horas de la mañana.

Atentamente le saluda,

Rodrigo Monleón

Subdirector de Personal

Modelo 3: *respuesta aceptando a un candidato*

COMERCIAL DE ESTRIADOS Y LAMINADOS
Apdo. de Correos 1.879
09013 Burgos

11 de octubre de 199...

Sr. Luciano Fuentes
Salmerón, 5, 3.º
09008 BURGOS

Estimado señor:

Considerados sus méritos, así como el resultado de las pruebas cumplidas por Vd., y habiendo recibido además respuesta favorable de las referencias que en su día nos facilitó, nos complace ofrecerle el puesto de Director Financiero de nuestras empresas.

Nos ratificamos en las condiciones contractuales ya tratadas en nuestra entrevista y es de nuestro interés que pueda incorporarse al puesto en fechas inmediatas.

En espera de sus gratas noticias, es un placer hacerle llegar nuestra felicitación y con ella cordiales saludos,

COMERCIAL DE ESTRIADOS Y LAMINADOS

J. Pérez Bravo

Director General

Modelo 4: *carta rechazando a candidato*

QUÍMICAS DEL NORTE, S. A.
Apdo. de Correos 3.709
20010 San Sebastián

San Sebastián, 8 de febrero de 199...

Sr. Javier Aguirre Loperena
Álamo, 73, 1.º
20017 SAN SEBASTIÁN

Señor:

Le damos las gracias por su atención al haber respondido a nuestra oferta de empleo y, muy encarecidamente, por el interés y la disponibilidad demostrados por Vd. en todo el proceso de selección.

Después de haber analizado detenidamente sus méritos, excelentes desde todo punto de vista, lamentamos informarle que a nuestro juicio no se ajustan con exactitud a las exigencias del puesto por cubrir.

Le rogamos que disculpe las molestias ocasionadas y, al mismo tiempo, nos complace informarle que conservamos su oferta en archivo para cubrir futuras necesidades de nuestra empresa.

Atentamente,

QUÍMICAS DEL NORTE, S. A.

Oficina de Personal

Curriculum vitae

Modelo 1: *esquema para un curriculum vitae profesional*

DATOS PERSONALES

Nombre y apellidos: ....
....
Lugar y fecha de nacimiento: ....
....
Estado civil: ....
....

OBJETIVO DE TRABAJO

(el que se solicita, con referencia a las principales funciones por desempeñar) ....
....
....
....

ESTUDIOS REALIZADOS

....
....
....
....

EXPERIENCIA LABORAL

....
....
....
....
....

OTROS CONOCIMIENTOS

....
....
....

REFERENCIAS

(se presentarán a pedido)

Modelo 2: *modelo de curriculum vitae*

DATOS PERSONALES

Nombre y apellidos: Alfonso Sastre Peña
Fecha de nacimiento: 14 de febrero de 1959
Estado civil: soltero. Servicio Militar cumplido (Zona de Recluta-
miento n.º 2, Madrid).

OBJETIVO DE TRABAJO

Técnico de Planificación. Cargo que requiere capacidad de organización, espíritu de trabajo y sentido de la responsabilidad.

ESTUDIOS REALIZADOS

Título de técnico superior (se adjunta fotocopia).
Cursos de especialización en Bureau de Planification, Marsella,
Francia, y en Escuela Técnica de Organización de Empresas, de
Barcelona.

EXPERIENCIA LABORAL

Encargado de sector en MONTEL, empresa especialista en monta-
jes eléctricos, durante 2 años. Encargado de presupuestos en I.T.A.M.
de Bilbao, durante un año y medio.

OTROS CONOCIMIENTOS

Lenguas: leo, hablo y escribo inglés. Leo alemán y francés.

REFERENCIAS

Se presentarán a pedido.

F

Factura de repaso

Modelo 1: *factura de repaso*

EL MUEBLE DE CASTILLA
Carretera de Toledo, km. 35,700

N.º 2.397   Fecha: 9 de junio de 199...
....

Sr. Javier Moral Ardoy
c/. de la Sal, 7
28034 MADRID

Factura de las mercancías entregadas durante el mes de mayo pasado, según los albaranes que se detallan:

Fecha	N.º de albarán	Importe	Dto.
3/5/9...	3.971	27.896	
6/5/9...	5.863	267.134	1,3 %
10/5/9...	8.953	358.921	1,8 %
17/5/9...	0.025	46.720	
23/5/9...	1.015	115.075	1,5 %
27/5/9...	3.519	57.902	
29/5/9...	7.135	213.732	1,8 %
TOTAL		1.087.380	
DTO.			1.071.873

PAGO: Con dto. a 30 (treinta) días;
          sin dto. a 90 (noventa) días.

En los totales de esta facturación se incluyen los gastos de transporte y los impuestos correspondientes.

Facturas simples

<u>Modelo 1:</u> *albarán factura*

EXCLUSIVAS ROSALBA
Jabones y Perfumería
Monteforte, 54
27003 Lugo

9 de diciembre de 199...

Sra. Rosalía Quiroga
Pardo Bazán, 19
27500 CHANTADA

Estimada clienta:

Dando cumplimiento a su pedido de fecha 23 de noviembre, le expedimos, por medio de la agencia «Ferrolprés», los géneros en el mismo indicados, detallados según factura y cuyo importe de <u>Ptas. 12.154</u> (doce mil, ciento cincuenta y cuatro) pasaremos al cobro según ntras. condiciones aceptadas por Vd.

EXCLUSIVAS ROSALBA

CANTIDAD	CONCEPTO	IMPORTE
1 × 10	Colonia «Toja» granel	2.739
1 × 80	Jabón tocador «Sueiro»	1.600
1 × 35	Champú niños «Prado»	3.475
1 × 50	Pañuelos Cab. lisos	2.170
1 × 50	Pañuelos Sra. fantasía	2.170
	TOTAL	12.154

Modelo 2: *otra factura simple*

VARGAS Y CÍA.
La Nau, 4 - 08003 BARCELONA

N.º 735   26 de enero de 199...

Ferrater Hnos., c/. de la Ronda, 7, de Vic .... DEBE
por los siguientes géneros remitidos por SEGUR

Pago: 30 días (treinta)   Dto.: 1,8 %
....

Cantidad	Concepto	Precio	Importe
3 × 50	Sacos harina trigo	ptas. 37 kg	5.550
6 × 25	Sacos harina centeno	42	6.300
4 × 70	Sacos de arroz	68	19.040
	TOTAL		30.890
	Dto. 1,8 %	556	
	neto a pagar:	ptas	30.334

I

Informes comerciales

Modelo 1: *boletín o formulario para solicitar información comercial*

INFORME COMERCIAL
sobre la firma que se indica a continuación:

Nombre: ....
Dirección: ....

Los siguientes datos NO COMPROMETEN
a quien los brinda

HISTORIAL: ....
....

NEGOCIO: ....
....

CAPITAL: ....
....

SOLVENCIA (financiera y personal): ....
....

EXPERIENCIA DEL INFORMANTE EN OPERACIONES: ....
....

OTRAS OBSERVACIONES DE INTERÉS: ....
....
....

Fecha ....   (anexo a ....)

Modelo 2: *texto para acompañar un boletín o formulario de informes comerciales*

MONTES Y CÍA.
Pza. Real, 42
09007 Burgos

2 de julio de 199...

Sres. Hermanos Ramírez
Urbiel, 145
09006 BURGOS

Señores:

Remitimos adjunto a esta carta un formulario de informes que, relativos a la firma que en el mismo se consigna, rogamos que contesten en el menor plazo de tiempo posible.

Como es norma en estos casos, sus respuestas permanecerán en absoluta reserva y no implican ninguna responsabilidad.

MONTES Y CÍA.

Director Comercial

Anexo: 1 formulario.

Modelo 3: *de carta de petición de informes comerciales*

GÓMEZ Y CASAVIEJA
Comercial Importadora
Gran Vía, 54
03201 ELCHE

7 de agosto de 199...

Financiera y Aseguradora Levantina
Muntaner, 85
46024 VALENCIA

Distinguidos señores:

Estando pendiente de nuestra aprobación un importante asunto de negocios con la firma que se menciona en el volante adjunto, les rogamos que nos informen, con la mayor exactitud que les sea posible, de los siguientes particulares referidos a la misma:

— capital aproximado con que opera;
— volumen global de inversiones reales;
— comportamiento comercial que se conoce;
— capacidad para el negocio;
— antigüedad de trato con Vds.;
— su experiencia de operaciones con la firma.

Cuanta información puedan facilitarnos no comportará responsabilidad alguna por su parte, y tienen nuestra garantía de que será mantenida en la más absoluta reserva.

Estamos seguros de su total discreción y agradecemos de antemano su colaboración, que muy gustosamente corresponderemos, si en alguna ocasión podemos serles de utilidad.

Entretanto, les reiteramos nuestra gratitud y, con ella, el testimonio de nuestra distinguida consideración,

GÓMEZ Y CASAVIEJA

José Luis Gómez

Apoderado

195

Modelo 4: *respuesta favorable a una carta de informes*

JABONES Y PERFUMERÍA, S. A.
Velázquez, 8
15403 El Ferrol

5 de febrero de 199...

Sres. Arxeira, Barbeiro y Cabanellas
Polígono Industrial, s/n.
15900 PADRÓN

Señores:

Contestamos a su carta de fecha 19 del mes pasado, facilitándoles los informes solicitados, sin que los mismos puedan conllevar responsabilidad ni compromiso alguno por nuestra parte.

CAPITAL E INVERSIONES. La firma interesada trabaja con un capital estimable en unos 5.000.000 de ptas. Dispone de otros fondos en diversas ciudades de la provincia.

CAPACIDAD PARA EL NEGOCIO. Dentro de su sector, y en cuanto la conocemos, consideramos que se trata de una de las empresas más activas y reputadas.

COMPORTAMIENTO COMERCIAL. No le conocemos ningún incumplimiento en sus obligaciones ni le suponemos tampoco un nivel de riesgos de significación.

NUESTRA EXPERIENCIA. La relación que mantenemos es frecuente, aunque no continua; data de hace aproximadamente diez años y en ninguna ocasión se ha visto entorpecida por ningún problema.

Esperamos que estos datos respondan satisfactoriamente a su consulta y les encarecemos sobre los mismos una reserva absoluta.
Suyos atentamente,

JABONES Y PERFUMERÍA, S. A.

Marcos Huerta

Gerente

Modelo 5: *respuesta con informes desfavorables*

AGUAS DE VILLANUEVA
Apdo. de Correos 219
24154 Villanueva del Condado

23 de noviembre de 199...

Barrios y Cía.
Coronel Montemayor, 24
24007 LEÓN

Señores:

Contestamos a su carta del 5 de este mes, consignando a continuación las informaciones solicitadas en ella.

Capital: El que la firma en cuestión tiene interesado en su negocio no se estima superior a los 2.000.000 de ptas., y no llegaría a superar la mitad de esa cifra de dar crédito a ciertas fuentes.

Solvencia: Escasa; nos constan sus dificultades para obtener de entidades bancarias créditos y descuentos, a pesar de que la gerencia ha concentrado todos sus esfuerzos en esa dirección.

Reputación comercial: Deteriorada, ya que si bien conserva una clientela fija, su seriedad en el servicio es sólo regular.

Nuestra experiencia: Hace dos años decidimos poner fin a las relaciones que manteníamos con el cliente, a causa de un lamentable malentendido que se repetía por segunda vez.

Sentimos no poder informar favorablemente y les rogamos que tengan esta carta como de carácter estrictamente confidencial.
Les saludamos atentamente,

AGUAS DE VILLANUEVA

Carlos Pradilla

Gerente

Informes de mercado

Modelo 1: *solicitando información sobre mercado a un agente de ventas*

MOBILIARIO DE EMPRESA, S. A.
Polígono Industrial, s/n.
46625 Cofrentes

Cofrentes, 9 de mayo de 199...

Sr. Felipe Bosch Colomer
Mallorca, 18
08014 BARCELONA

Estimado señor Bosch:

Nuestro gabinete técnico de diseño ha concluido el proyecto de una serie de mesas para equipos de informática y telecomunicaciones. Se trata de modelos que, por su concepción y por su calidad, son muy superiores a todo lo que hasta la fecha se ha presentado en el mercado interior.

En la actualidad, tan sólo algunas series de importación podrían competir con este modelaje, que por otro lado sería posible comercializar a un precio ligeramente inferior que el importado. Sin embargo, se situaría algo por encima del precio de los mismos fabricados de procedencia nacional.

Como sea que el coste de su producción en serie es lógicamente elevado, no sería prudente abordarlo de no contar con sólidas garantías de una buena salida. Por esta razón, le encarecemos que nos haga llegar cuanto antes un detallado informe de las posibilidades a su juicio existentes en el mercado, así como de las últimas ofertas de la competencia.

Para su conocimiento, le señalamos que hemos encargado las mismas gestiones a nuestros delegados en las zonas Centro y Norte.

Agradecemos su valiosa colaboración en este asunto, y le enviamos con esta carta nuestros más cordiales saludos.

MOBILIARIO DE EMPRESA, S. A.

Vicente Sanchís Llera

Gerente

Modelo 2: *respuesta a una petición de informes de mercado*

Pablo Ramírez Fidel
Agente Comercial Colegiado
General Estepa, 98
28030 Madrid

17 de octubre de 199...

Sres. Echevarría y Quero
Apdo. de Correos 1.278
48080 BILBAO

Estimados señores:

Respondo a sú carta del 28 de septiembre pasado.

En las últimas fechas he mantenido varias entrevistas con industriales instalados en la capital y provincia y relacionados también con otras zonas. La opinión que de las mismas me ha sido posible extraer es que para las nuevas aleaciones cabe esperar un consumo de bueno a óptimo en todo el mercado investigado. Sin embargo, estas perspectivas positivas están más motivadas por la calidad y las ventajas de los materiales que por los precios presumibles.

Es una opinión que, además de corresponderme, refleja las respuestas más generalizadas. En consecuencia, la circunstancia antes apuntada, aun ajustando todo lo posible la relación calidad-precio, motivaría probablemente que los pedidos se hiciesen siempre para cantidades muy bajas, es decir, restringiendo los clientes el uso de estas aleaciones, a no ser que la diferencia de precios con relación a las que son de uso más habitual pudiera reducirse al mínimo.

Así pues, sinceramente tengo que aconsejarles que mediten bien la decisión y hagan todo lo posible por limitar los beneficios sobre el coste real. Sólo de esta forma sería factible pensar en ventas de importancia.

Espero haberles sido de utilidad y, en espera de sus indicaciones, les saludo con toda consideración.

Pablo Ramírez

Informes personales

Modelo 1: *solicitando informes sobre un candidato*

PRETENSADOS RUBIO, S. A.
Avda. de la Chopera, 17
37005 Salamanca

15 de febrero de 199...

Comercial de Cables y Tendidos
Apdo. 2.705
37001 SALAMANCA

Señores:

La persona cuyo nombre se indica en el volante adjunto, ha solicitado ser empleada en nuestra casa. Habiendo consignado en su solicitud que, entre 1983 y 1987, ocupó en su empresa un puesto similar al que ahora aspira, les agradeceremos que tengan la amabilidad de informarnos sobre el concepto que les mereció durante el tiempo que permaneció a su servicio.

Les encarecemos una pronta respuesta, sin ninguna responsabilidad para Vds., y al mismo tiempo les aseguramos reserva y discreción absolutas.

Les damos las gracias por su colaboración y les saludamos atentamente,

PRETENSADOS RUBIO, S. A.

Juan Guillén

Gerente

Anexo: 1 volante.

Modelo 2: respuesta favorable a una petición de informes

INDUSTRIAS PONCE, S. A.
Apdo. de Correos 1.453
45002 Toledo

8 de noviembre de 199...

Agustín González y Cía.
Padilla, 13
45003 TOLEDO

Señores:

Nos apresuramos a responder a su carta del 15 de octubre pasado.

La persona mencionada en el volante adjunto a la misma se desempeñó en nuestra casa, durante más de cuatro años, a nuestra entera satisfacción. Tuvo un comportamiento modélico y podemos recomendarle en todos los aspectos.

Les rogamos que mantengan confidencial el contenido de estas líneas y esperamos haberles sido de utilidad pudiendo informar tan favorablemente.

Suyo atentamente,

AGUSTÍN GONZÁLEZ Y CÍA.

Modelo 3: *respuesta informando desfavorablemente*

CARLOS SANTOÑA LUZ
Mobiliario y Decoración
Progreso, 2
27001 Lugo

21 de septiembre de 199...

Ribadeo Hermanos, S. L.
Pza. Mayor, 28
15703 LA CORUÑA

Señores:

Al corresponder a su carta del 2 del actual, lamentamos tener que informarles que la persona mencionada en el boletín adjunto a esta carta no supo comportarse entre nosotros como un empleado modélico, manifestándose como un individuo incapaz de cumplir con sus responsabilidades y conflictivo en el trato personal.

Esperando que esta información se mantendrá en absoluta reserva, quedamos a su entera disposición para mejor ocasión y les saludamos muy atentamente,

Carlos Santoña

Gerente

Instancias

Modelo 1: *solicitando licencia de apertura para un establecimiento comercial*

Feliciano Monasterio Rubio, mayor de edad, de profesión comerciante, con domicilio en la calle Buenavista, número 18, con DNI n.º 26.354.377,

EXPONGO: Que tengo previsto abrir un local destinado al comercio de Calzados y Bolsos, sujeto al epígrafe n.º .... de la Licencia Fiscal del Impuesto Industrial, en la calle Pardo Bazán, número 89, por lo cual,

SOLICITO: Que se dé por presentado este escrito y en su virtud se disponga que me sea concedida la licencia de apertura del citado comercio.

Lo cual espero obtener por ser de justicia.

(firma)

Santander, 9 de septiembre de 199...

ILMO. SR. ALCALDE-PRESIDENTE DEL AYUNTAMIENTO DE SANTANDER

Modelo 2: *solicitando permiso municipal*

Jaime Rodríguez Freire, natural y vecino de Badalona, domiciliado en la calle Devesa, número 73, de 56 años de edad, con DNI n.º 32.546.707,

EXPONGO: Que, siendo propietario de un establecimiento dedicado al comercio de prendas de vestir, sito en la calle Devesa, número 86, pretendo hacer una oferta de liquidación de artículos excedentes de temporadas anteriores; que, a efectos publicitarios, necesito colocar una serie de letreros y marquesinas destinados a atraer la atención del público, por lo cual,

SOLICITO: Que se dé por presentada esta instancia, y se cursen las órdenes oportunas para que me sea concedido el permiso para la instalación de los mencionados elementos publicitarios.

Lo cual espero obtener porque es de justicia.

(firma)

Badalona, 18 de enero de 199...

ILMO. SR. ALCALDE-PRESIDENTE DEL AYUNTAMIENTO DE BADALONA

Modelo 3: *solicitud de licencia de obras mayores*

Industrias Balcells, S. A., con sede en la Avda. Meridiana, número 237, de Barcelona, dedicada a la manipulación de impresos y papel rayado,

EXPONE: Que, ante la progresiva expansión de sus actividades, necesita ampliar el edificio industrial de su propiedad, sito en la calle Recasens, número 75, de esta ciudad, según plano de ampliación que se acompaña adjunto, bajo la dirección del arquitecto Sr. Juan Salabert Campos y del aparejador Sr. Marcelino Gutiérrez Redondo, habiendo encargado la realización de las obras previstas al contratista Sr. Feliciano Sánchez Rojo, provisto de su correspondiente documentación y alta de Licencia Fiscal, por lo cual

SOLICITA: Que se tenga por presentado este escrito, junto con la documentación que lo acompaña, y se lo admita, considerando lo que en el mismo se expone y, a su tenor, otorgándole la licencia de obras para proceder a la ampliación del citado edificio industrial.

Lo que espera obtener porque es justo.

p. Industrias Balcells, S. A.
(firma)

Barcelona, a 19 de febrero de 199...

EXCMO. SR. ALCALDE-PRESIDENTE DEL AYUNTAMIENTO DE BARCELONA

L

Letra de cambio, correspondencia

Modelo 1: *remitiendo una letra de cambio para su aceptación*

CONFECCIONES TRINIDAD GARCÍA
Azores, 189
28024 Madrid

9 de febrero de 199...

Sra. Leonor Sol de Miralles
Cañeros, 16
28026 MADRID

Estimada señora:

Para su aceptación, le remitimos la L/adjunta por importe de
Ptas. 187.000 (ciento ochenta y siete mil) a su cargo y a 30 d/f, que cancela la factura n.º 85 de fecha 8 de enero pasado.
Rogándole que la devuelva una vez aceptada, agradecemos su colaboración y atentamente le saludamos,

CONFECCIONES TRINIDAD GARCÍA

Anexo: 1 letra.

Modelo 2: *devolviendo letra aceptada*

LEONOR SOL DE MIRALLES
Cañeros, 16
28026 Madrid

14 de febrero de 199...

Confecciones Trinidad García
Azores, 189
28024 MADRID

Señores:

Devuelvo aceptada la L/adjunta a mi cargo y a 30 d/f de
Ptas. 187.000, que me fue remitida con su carta del 9 de este mes, y cuyo
importe cargo en su cuenta.
Les saluda atentamente,

Leonor Sol de Miralles

Anexo: 1 letra.

Modelo 3: *anunciando una letra en circulación*

RAMIRO TRENAS Y CÍA.
Pza. Mayor, 18
30003 Murcia

1 de diciembre de 199...

Sres. Soto y Melchor
Pescadores, 81
30202 CARTAGENA

Señores:

Para su conocimiento, les anunciamos haber puesto en circulación en el día de hoy una L/ a su cargo y orden del Banco de Levante, de

Ptas. 109.000, con vencimiento el 30 de este mes, en cancelación de nuestra factura n.º 467 del 10 de noviembre.

Rogándoles que la atiendan debidamente, les enviamos un atento saludo,

RAMIRO TRENAS Y CÍA.

Modelo 4: *avisando del próximo vencimiento de una letra*

TALLERES RIUS Y FORTUNY
Pza. Maragall, 2-4
43202 Reus

18 de enero de 199...

Sr. Félix Rocamora Minguell
Gaudí, 27, 2.º
43850 CAMBRILS

Estimado señor:

Nos permitimos recordarle a Vd. que en fechas próximas le será presentado al cobro por el Banco Comercial el efecto de Ptas. 78.800, con vencimiento el día 1 de febrero.

En la seguridad de que el mismo no dejará de ser debidamente atendido, aprovechamos la ocasión para saludarle muy atentamente,

TALLERES RIUS Y FORTUNY

Gerente

PR/mg

Modelo 5: *anunciando la renovación de una letra impagada*

INDUSTRIAS MÉNDEZ E HIJOS
Ramón y Cajal, 76
29014 Málaga

5 de febrero de 199...

Sres. Lara y Serrano
Candelaria, 80
29007 MÁLAGA

Distinguidos señores:

Con esta fecha, el Banco Comercial y Mercantil nos ha devuelto impagada la L/ girada a su cargo y a 30 d/f por importe de Ptas. 259.000, correspondiente al importe de nuestra factura n.º 785.

Ante la imposibilidad de aceptar una demora en el pago, que sería contraria a nuestras condiciones de venta, les anunciamos haber girado hoy mismo una segunda L/ a la vista por el importe de dicha factura más los gastos de devolución y renovación.

Esperamos que sabrán atenderla debidamente, evitándonos tener que hacer recurso a medidas de carácter legal, que no está en nuestro ánimo emprender pero que, dado el caso, deberíamos considerar ineludibles.

Atentamente,

INDUSTRIAS MÉNDEZ E HIJOS

O

Ofertas de empleo

Modelo 1: *en bloques separados*

IMPORTANTE EMPRESA CONSTRUCTORA DE ÁMBITO NACIONAL E INTERNACIONAL

para su División Regional zona Sur
precisa

1 INGENIERO DE CAMINOS
2 ARQUITECTOS TÉCNICOS

Se requiere:

— Titulación correspondiente
— Experiencia no inferior a cinco años, en centro de cálculo y a pie de obra
— Edad entre 30 y 35 años
— Residencia en Sevilla
— Vehículo propio
— Incorporación inmediata

Se ofrece:

— Retribución fija, a convenir, más incentivos, dietas y kilometraje. No se rechazará a ningún candidato por motivos económicos.
— Formación profesional continuada, en España y en el Extranjero.
— Posibilidades de promoción inmediata.
— Contrato laboral e inclusión en la Seguridad Social.

Aseguramos y exigimos confidencialidad durante la selección.

Interesados: enviar historial académico y profesional detallado, preferentemente manuscrito, indicando pretensiones económicas, a CONSULTORES ASOCIADOS, P.º de la Castellana, n.º 109, 28047 Madrid, consignando en el sobre la referencia SG-35 «CONSTRUCCIÓN».

Modelo 2: *en bloques separados y destacados*

DIRECTOR FINANCIERO
Importante empresa nacional solicita profesional experto

Ofrecemos:

— Cargo de Director Económico-Financiero
— Remuneración bruta anual de pesetas 5.500.000 (ampliables con primas de gestión)
— Jornada laboral de 8 a 15 horas (semana de lunes a viernes)
— Equipo de colaboradores cualificados y dinámicos

Exigimos:

— Formación a nivel universitario, avalada por título
— Experiencia no inferior a cinco años (con referencias)
— Edad 35-40 años
— Residencia en Madrid o zonas limítrofes
— Dominio de medios informáticos
— Inglés hablado y escrito
— Capacidad de gestión, responsabilidad y seriedad
— Incorporación inmediata

Los interesados deberán enviar su curriculum vitae, acompañado de una fotografía reciente, al Apdo. de Correos n.º 23.450, 28005 Madrid, indicando la referencia Director Financiero.

Modelo 3: *en bloques seguidos*

EMPRESA MULTINACIONAL DEL RAMO DE LA ALIMENTACIÓN
SOLICITA
J E F E   D E   V E N T A S
3.500.000 más incentivos y comisiones

Necesitamos: Un buen vendedor, con conocimientos teóricos y prácticos, capaz de formar y dirigir un pequeño equipo de colaboradores con el que deberá incrementar las actuales cifras de ventas de nuestra Cía. y desarrollar una labor comercial completa.

Pedimos: Edad no superior a 40 años. Residencia en zonas Centro o Levante. Disponibilidad para viajar regularmente, con vehículo propio o avión. Iniciativa, entusiasmo y responsabilidad.

Ofrecemos: Revisión semestral de los ingresos, en función de los resultados. Período de formación a cargo de la empresa y ayuda constante en el desempeño de las funciones. Seguridad Social. Incorporación a plantilla superado un trimestre de prueba. Dietas y gastos de representación.

Interesados: Llamar al teléfono...., de 8 a 13 y de 16 a 20 horas, los próximos días martes 10 y miércoles 11. Atenderá señorita Canalejas para concertar entrevistas.

Modelo 4: *en bloque central*

SOCIEDAD DE ORGANIZACIÓN DE EMPRESAS
desea contratar
V E N D E D O R / A   D E   S E R V I C I O S

Su misión consistirá en ofertar, vender y negociar nuestros servicios a empresas de cualquier sector.

Exigimos: Nivel cultural elevado, preferiblemente con formación universitaria. Edad media. Vehículo propio. Experiencia en el campo comercial y en contactos con directivos.
Ofrecemos: Ingresos en función de la categoría y los resultados. Incorporación inmediata y período de formación. Trabajo de alto nivel.

Enviar curriculum vitae y fotografía reciente al Apdo. de Correos 9.123, 28006 Madrid, indicando en el sobre «Vendedor de Servicios». Garantizamos reserva absoluta.

Modelo 5: *anuncio breve, de un solo cuerpo destacado*

EMPRESA FARMACÉUTICA SUIZA
precisa
S E C R E T A R I A   D E   D I R E C C I Ó N

Imprescindible mecanografía, correspondencia en español e inglés, conocimientos de informática y dotes de organización. Jornada laboral de 8 a 15, de lunes a viernes.

Enviar historial manuscrito, adjuntando fotografía reciente, a FARMACOP, S. A., P.º del Prado, 41-43, 28007 Madrid.

Modelo 6: *destacando funciones y requisitos*

JOVEN
para sus oficinas en Burgos
precisa empresa de ámbito nacional

Realizará trabajos administrativos, envíos y paquetería, gestiones de calle, etcétera.

Buscamos señorita o caballero, edad no superior a 20 años, con mecanografía y B.U.P. o F.P.

Ofrecemos incorporación inmediata, contrato laboral y otras ventajas sociales. Sueldo a convenir. Posibilidades de promoción en la propia empresa.

Enviar historial y referencias al Apdo. de Correos n.º 9.004, 09002 Burgos.

Modelo 7: *destacando requisitos*

TÉCNICO INFORMÁTICO
para Servicio Post-Venta y Mantenimiento

— Conocimientos idioma inglés (para interpretar manuales técnicos)
— Disponibilidad para viajar, con vehículo propio o de la empresa
— Residencia en Madrid o alrededores
— Incorporación inmediata

Interesados, dirigirse con datos personales y profesionales a INFISA, Avda. San Juan de la Cruz, s/n, edificio Sol, 28021 Madrid. Indicar en el sobre «Referencia Mantenimiento».

Modelo 8: *anuncio breve*

MATERIALES CONSTRUCCIÓN
REPRESENTANTES

Introducidos en el sector, para las zonas Centro-Madrid-Cataluña-Levante y Galicia.

Enviar datos personales y profesionales al Apdo. de Correos n.º 2.143, 46.070 Valencia.

Modelo 9: *destacando empleo y requisitos*

QUÍMICO PINTURAS

— Formación universitaria o técnica
— Experiencia en pinturas y barnices
— Imprescindible idiomas inglés y/o alemán

Ofrecemos incorporación inmediata en plantilla e interesante remuneración a convenir, según conocimientos y aptitudes.

Enviar curriculum vitae manuscrito al Apdo. de Correos n.º 7.374, 08002 Barcelona, indicando en el sobre «Químico Pinturas».

Ofertas de personal (peticiones de empleo)

Modelo 1: *oferta personal acompañando curriculum*

Barcelona, 5 de junio de 199...

TEXTILES INDUSTRIALES, S. A.
Roma, 148
08228 TERRASSA

Estimados señores:

Habiendo tenido conocimiento de que su empresa se encuentra organizando dos nuevas secciones de producción de estampados sintéticos, me apresuro a ofrecerles mis servicios para entrar a formar parte del personal de su plantilla como Técnico de organización.

Además de detallar mis datos personales y profesionales en el curriculum vitae adjunto, me permito subrayar mis conocimientos y experiencia en el campo de la planificación interna en empresas textiles, adquiridos durante los dos años que pude desempeñar esta actividad en una importante firma del extranjero.

Quedo a disposición de Vds. para ampliar datos y ofrecer referencias, y a la espera de sus gratas noticias.

Atentos saludos de

Fermín Torres

s/c. P.º del Borne, 267, 3.º
   08003 Barcelona

Modelo 2: *oferta de profesional (representante) a empresa*

Javier del Prado Rodríguez
Agente Comercial
28021 Madrid

10 de octubre de 199...

Sres. Pascual y Tordesillas
Santo Domingo, 73
28035 MADRID

Distinguidos señores:

Teniendo conocimiento de la importancia de su firma, me es grato ofrecerles mis servicios como agente viajante, con acción en esta ciudad y provincia y en las de Guadalajara, Toledo, Cuenca y Ciudad Real.

Desde hace más de quince años me dedico a representar varias casas, nacionales y extranjeras. Dispongo de una extensa clientela de la máxima solvencia y me precio de conocer a fondo los productos que Vds. tratan. Podrán comprobar, además, que con las referencias que se citan al pie, firmas de reconocido prestigio a las que llevo representando varios años, no existe la posibilidad de que pueda darse una incompatibilidad de artículos.

No duden en dirigirse a las citadas para solicitar informes sobre la seriedad de mi gestión y, si Vds. lo consideran oportuno, me tienen a su disposición para una próxima entrevista que servirá para ampliar detalles.

Esperando verme favorecido con su respuesta, les saludo atentamente.

Javier del Prado

Referencias que se citan:
Sociedad Industrial del Levante, Valencia;
Manufacturas Ochoa, Bilbao;
Derivados del Corcho, Madrid.

fertas de productos

odelo 1: *oferta de géneros a detallista*

OMERCIAL DE SUMINISTROS, S. A.
aldepeñas, 197
005 Ciudad Real

7 de abril de 199...

es. Romero y Murillo
a Alameda, 1
3400 ALMADÉN

stimados clientes y amigos:

Acabamos de recibir una importante partida de productos de limpieza
ara el hogar, de fabricación nacional que, si bien por su inmejorable calidad
e hallan al nivel de las mejores marcas de importación, por su precio de sa-
da al público se situarán entre los más económicos.

Se trata de una oferta muy especial, gracias a la cual Vds. podrán brindar
su distinguida clientela los mejores productos de limpieza a los precios
nás competitivos del mercado.

Por deferencia del fabricante, junto con el próximo pedido que tene-
nos pendiente servirles les llegará una muestra gratuita de toda la gama
ara su examen. Además, como no dudamos de que estarán Vds. interesados
n estos géneros, podemos poner a su disposición un armario-expositor, de
iseño artístico y funcional, que permanecería en su establecimiento mien-
ras sigan ofreciendo al público los productos de esta marca.

Por tratarse de un género que deberá tener una difusión restringida, en
anto la firma se acredita en el mercado, hemos limitado la oferta a nuestros
lientes más antiguos.

Adjuntamos a esta carta el catálogo y la relación de precios, con un lis-
ado de bonificaciones para pedidos importantes.

Quedamos a la espera de sus órdenes y le hacemos llegar, entre tanto,
nuestros muy cordiales saludos,

COMERCIAL DE SUMINISTROS, S. A.

Modelo 2: *oferta de materias primas e industriales*

CÍA. DE IMPORTACIONES Y EXPORTACIONES
Poeta Santiago Rueda, 47
46009 Valencia

15 de enero de 199..

Recubrimientos y Protecciones, S. A.
Zapateros, 13
46100 BURJASSOT

Estimados señores:

Tenemos a su disposición una interesante partida de corcho sintético para recubrimientos y entreparedes, de la que con sumo gusto les remitimos información sobre cantidades, medidas, características y precios, en circular anexa a esta carta.

Nos permitimos señalarles que se trata de un material de primerísima calidad, que nos ha sido posible conseguir, en esta ocasión, a unos costes excepcionalmente bajos.

Les agradeceremos que tomen buena nota de la presente oferta, que hemos dirigido a nuestros clientes más importantes; en caso de interesarles, pasen a cursar su pedido cuanto antes.

Esperando su respuesta, les saludamos atentamente,

CÍA. DE IMPORTACIONES Y EXPORTACIONES

Anexo: 1 circular de existencias y precios.

Modelo 3: *oferta de precios actualizados*

ESTIVILL Y PRADO, S. L.
Padilla, 43
11008 Cádiz

                                        19 de diciembre de 199...

Novedades Felisa
Plácido Viaga, 16
11408 JEREZ DE LA FRONTERA

Señores:

   Les rogamos que tomen buena nota de los precios actualizados que van
a regir a partir del próximo 1 de enero, para los siguientes productos y
mercancías:

Clase	Características	Tipo o Calidad	Precio
....	....	....	....
....	....	....	....
....	....	....	....
....	....	....	....

   Los citados precios se aplicarán a todos los pedidos confirmados a partir
de la fecha indicada.
   Atentamente les saludamos,

                        ESTIVILL Y PRADO, S. L.

Ofertas de servicios profesionales

Modelo 1: *oferta de servicios*

ASESORES DE ORGANIZACIÓN
Avda. de la Castellana, 32
08004 Barcelona

3 de febrero de 199...

Sr. Director de Laboratorios Roura, S. A.
Pasaje Campoamor, 49
08031 BARCELONA

Distinguido señor:

Le proponemos trabajar conjuntamente para mejorar la organización de su empresa.

Si Vd. nos lee con atención y nos autoriza, sin compromiso alguno por su parte, a presentarle un estudio previo de la racionalización de su industria, desde una experiencia de más de diez años podemos asegurarle que, por primera vez, verá las posibilidades reales de mejorar la eficacia de su gestión.

Estamos convencidos de que nadie conoce su empresa mejor que Vd. mismo. Ahora bien, ¿le es materialmente posible realizar todas las iniciativas que mejorarían su funcionamiento? ¿Puede corregir personalmente todos los errores que detecta? ¿Le es factible llevar a la práctica todas las ideas nuevas?

¡Le estamos ofreciendo el mejor producto! Organización, eficacia, rendimiento. Porque racionalizar es ordenar y simplificar.

Nuestro servicio de Estudios y Asesoría de Proyectos ha diseñado la organización de importantes firmas industriales y comerciales.

Confiando, pues, en que sabrá ver la conveniencia de responder favorablemente a nuestro ofrecimiento, le enviamos atentos saludos,

ASESORES DE ORGANIZACIÓN

Casildo Pascual

Director Gerente

224

Modelo 2: *ofreciendo servicios de exportación*

ALICANTINA DE IMPORT-EXPORT, S. A.
Pza. de la Iglesia, 75
03012 Alicante

7 de noviembre de 199...

Calzados Rocamos
03700 **DENIA**

Distinguidos señores:

En la fecha, sabiendo que su firma se ha ido acreditando día tras día entre las primeras empresas nacionales del sector del calzado, pensamos que es el mejor momento para introducir sus productos en el extranjero.

El comercio de exportación es, sin duda, una de las parcelas más complejas de la actividad mercantil, y su ejercicio, no siempre rentable, cuando no es posible realizarlo disponiendo de los medios y los conocimientos adecuados.

Hace más de veinticinco años que nuestra firma está dedicada a exportar artículos del Levante español a los principales mercados de Europa, Sudamérica, Estados Unidos y Canadá. Disponemos de una eficiente organización, pensada para ofrecer el mejor servicio a nuestros clientes, más extensas relaciones y contactos en todos los países con los que operamos, así como una gran experiencia acumulada.

Y nuestra experiencia nos permite asegurarles inmejorables negocios, si se dignan Vds. honrarnos con su confianza.

Les garantizamos que tales perspectivas se fundan en posibilidades reales, y si se deciden a atender nuestra oferta, gustosamente pasaremos a informarles con toda clase de detalles.

En espera de su respuesta, y confiando en que sabrán tomar la decisión más beneficiosa, les saludamos atentamente,

ALICANTINA DE IMPORT-EXPORT, S. A.

Director

Órdenes de compra

Modelo 1: *orden de compra de acciones*

M. ALCARAZ HNOS.
Apdo. de Correos n.º 324
08080 Barcelona

5 de julio de 199...

Banco Industrial y Comercial
Sucursal 39
P.º de Gracia, 11
08004 BARCELONA

Señor Director:

Compre los valores detallados a continuación:

125 acciones Cía. Eléctrica, cambio máximo 112 ptas.;
 85 obligaciones Constructora DEBAR, a un valor de 97 %;
 90 obligaciones Químicas Matraz, a un valor de 97 %.

Le ruego que considere esta orden valedera hasta fin de mes y que adeude el importe correspondiente de la cuenta corriente n.º 025-7846-02.
Le doy las gracias y le saludo atentamente,

M. Alcaraz

n/ref.: MA/rm/43P

Modelo 2: *orden de compra para acompañar un formulario del banco*

ENRIQUE CASAS Y CÍA.
Calàbria, 32, 4.º, 2.ª
08013 Barcelona

17 de marzo de 199...

Banco Comercial
c/. del Puerto, 6
48002 BILBAO

Señor Director:

Le solicito que compren los valores detallados en el formulario adjunto, adeudando el importe de la liquidación correspondiente según las instrucciones que van al pie.

Le ruego que tome muy en consideración que esta carta es valedera hasta su cumplimiento.

Quedo a la espera de sus noticias y aprovecho la ocasión para saludarle muy atentamente,

E. Casas

Encargado de Dpto. de Inversiones

n/ref.: EC/ot/62B
Anexo: 1 formulario de orden de compra de valores

Órdenes de mercancías

Modelo 1: *una orden tipo de mercancías*

Alfonso Montes
San Bernardo, 33
28026 Madrid

15 de enero de 199...

Mobelcast, S. L.
Obispado, 6
16003 CUENCA

A la atención del Sr. José Vázquez

Señor:

Le agradezco la información que me ha enviado con fecha 9 de este mes; mi impresión de la visita a Mobelcast es excelente y necesitaba los datos concretos del catálogo con suma urgencia, porque estoy interesado en varios artículos fabricados por Uds., que necesitaría recibir cuanto antes. Le ruego, por tanto, que disponga el envío de la siguiente orden:

15 mesas de nogal, estilo castellano, STA6, barniz brillante;
90 sillas de nogal, estilo castellano, STA3, barniz brillante;
25 taquillones de pino, modelo Venecia, EBO5, barniz mate;
25 mesas TV, con ruedas, mod. Toledo, RIX2, barniz mate.

El envío se hará a través de «Manchaprés», de Cuenca.

Es imprescindible que el género se encuentre aquí antes de fin de mes; en caso de que la entrega se demore, me acogeré al descuento del 7 % que Uds. proponen en el catálogo de primavera de este año.

El pago será por letra, a 45 días, con el 1 % de descuento, siempre que el género llegue a tiempo.

Quedo a la espera de sus noticias. Saludos atentos.

Alfonso Montes

n/ref.: 351SE

<u>Modelo 2:</u> *orden de mercancías enviada a un comisionista*

Julio Díaz
Belén, 25
08006 Barcelona

4 de junio de 199...

Sr. Fausto Heguía
Comisionista
Cruz de los Canteros, s/n.
29004 MÁLAGA

Estimado amigo:

Le ruego que por mi orden y cuenta se sirva comprar las mercancías que detallo a continuación:

25 cajas de jerez Sol a 235 ptas. p. botella;
25 cajas de vino reserva blanco a 87 ptas. p. botella;
25 cajas de vino reserva tinto a 87 ptas. p. botella.

El envío se hará por ferrocarril, entrega en Barcelona. Es importante que el género llegue antes de fin de mes; si esto no puede ser, le ruego que anule el pedido.

Como siempre, el pago será con letra a 30 días, desde la recepción del pedido. Adjunto un formulario de aceptación de orden, que Ud. me devolverá con el talón de ferrocarril.

Espero que, como es habitual, disponga Ud. que se sirva esta orden con rapidez y especial cuidado en el embalaje.

Me despido con saludos cordiales.

Julio Díaz

Anexo: 1 aceptación de orden

Órdenes de servicios

Modelo 1: *pedido de auditoría*

VILLALEAL CONSTRUCTORA E INMOBILIARIA
Via Augusta, 52, 7.º
08006 BARCELONA

23 de octubre de 199...

Bardemasa Auditores
c/. Ferran Agulló, 4, 5.º
08006 BARCELONA

A la atención del Sr. Oriol Sardá

Señor:

De acuerdo con lo convenido en conversación telefónica ayer, le dirijo estas líneas para confirmar por escrito el pedido de servicio de auditoría de Uds.

Según lo establecido verbalmente, le confirmo también que sus técnicos tendrán acceso a nuestros libros a partir del próximo día 5 (cinco) de noviembre.

Le agradezco la rapidez y exactitud con que puedan solventar Uds. esta labor y le saludo muy atentamente,

Ramón Villaleal

Gerente

Modelo 2:

HOTEL SAN BLAS
Pta. de Toledo, 4
28005 Madrid

12 de diciembre de 199...

Agencia París
c/. Barco, 7, 3.º dcha.
28013 MADRID

Distinguidos señores:

Como es costumbre en esta casa, el próximo día 31 se celebrará la Tradicional Velada de Nochevieja, en nuestro Salón Rojo.

Tenemos ya confirmada la asistencia de ochocientos invitados y, por lo tanto, necesitaremos reforzar nuestro personal de servicio según la siguiente relación:

        5 jefes de camareros
       15 maestros catadores
       35 camareros
       30 pinches de cocina
       10 maestros decoradores
       10 auxiliares
       10 ayudantes de guardarropía
        5 encargadas de aseos
        5 encargados de aseos

Este año, como lo hemos hecho en los anteriores, proporcionaremos uniformes sólo a los jefes de camareros, a los maestros catadores y a los camareros. Queda establecido que todos los demás integrantes del personal de servicio tendrán que aportar su propia ropa, acorde con el lugar y la importancia de la fiesta.

El pago será, de acuerdo con la tarifa reconocida por el gremio respectivo y se hará efectivo inmediatamente después de terminado el servicio.

Contamos como siempre con Uds. Reciban nuestros saludos.

Mario Vargas Folgado

Jefe de Personal

Orden de venta

Modelo 1: *orden de venta de valores*

R. Valle y M. Tourné
Agentes de Cambio y Bolsa
Roger de Llúria, 111
08004 Barcelona

2 de octubre de 199...

Durán e Izquierdo
Agentes de Cambio y Bolsa
Marqués de Cubas, 7, 2.º
28014 MADRID

Estimados amigos:

Por orden y cuenta de nuestros representados, Eusebio y Salas, S. A.,
vendan los valores que detallamos en el formulario adjunto.

Como ya es habitual en estas operaciones y según las instrucciones deta-
lladas en dicho formulario, podrán Uds. abonar el importe de esta liquidación en la cta. cte. que Eusebio y Salas, S. A. tienen en el Banco Gerundense
(n.º de cta.: 09-4.572-05).

Adjuntamos a esta carta los resguardos correspondientes. Siempre a la
espera de sus instrucciones y noticias, les saludamos muy cordialmente,

M. Tourné

n/ref.: MT/si/45P
Anexos: 1 formulario de orden de venta
        3 resguardos de depósito de valores

P

Pagaré

Modelo 1: *pagaré tipo*

Barcelona, 2 de septiembre de 199...

(TIMBRE)

El día 30 de noviembre próximo, PAGARÉ a los Sres. Velarde y Cía., o a su orden, la cantidad de 285.000 ptas. (doscientas ochenta y cinco mil), por valor recibido en mercancías.

Gastón Benet

Gastón Benet
c/. del Gruñi, 3, 2.º 1.ª
08003 BARCELONA

Pedidos

Modelo 1: *carta de pedido en que se especifican condiciones*

Corporativa IMPORT-EXPORT, S. L.
Apdo. de Correos 2.853
08025 Barcelona

10 de marzo de 199...

Suministros COPIFINT
Rambla Mayor, 142
17001 GERONA

Señores:

Agradeceremos que se sirvan anotar el siguiente pedido:

15.000 impresos-copia, ref. 07-23;
5.000 formularios triplicado, ref. 03-35;
5.000 impresos «Oncogenol», ref. 05-137;
55.000 circulares b.n. «Vinos del Sur», ref. 07048;
5.000 circulares «Conserspain», ref. 06-175.

ENVÍO. Por su transporte, a ntra. oficina central de Barna., Vía Layetana, 24.

PLAZO. Por tener necesidad muy urgente de los impresos-copia 07-23 y los formularios 03035, les requeriremos su entrega en un plazo máximo de tres semanas. El resto del pedido deberá quedar cumplimentado en un máximo de dos meses a partir de la fecha.

CONDICIONES. Aceptamos los precios indicados en su última cotización, de fecha 17 de noviembre pasado. Sírvanse girar a nto. cargo, por importes parciales o por importe global, a 60 d/f.

Les encarecemos la calidad de las impresiones, así como el estricto cumplimiento de las fechas de entrega indicadas.
Suyos atentamente,

Corporativa IMPORT-EXPORT, S. L.

Modelo 2: *carta de pedido con aceptación de condiciones*

José Luis de Haro
San Blas, 67
33002 Oviedo

28 de octubre de 199...

Industrias Alas, S. A.
Cuesta de Santa Eugenia, 8
13400 ALMADÉN

Distinguidos señores:

Tras la visita a nuestra casa de su delegado Sr. Montero, hemos recibido
el Catálogo «2000» de sus fabricados y el correspondiente anexo con la lista
de Precios y Condiciones. Estando interesados en introducir en nuestra
zona algunos de sus artículos, les rogamos que dispongan el envío inmediato de las siguientes mercancías:

— 20 cajas tacos pared IMPACT de cada una de las siguientes medidas:
    n.º 5 al 9 (Total: 100 cajas);
— 50 unidades tenacillas RASILLA-BLOC n.º 3;
— 50 unidades SIERRADUR cromado n.º 5;
— 75 unidades RUEDAS-GOMA ref. Roley-72;
— 50 unidades RUEDAS-GOMA ref. Roley-93;
— 50 unidades lámparas PETROSOL-CROMO, ref. Solcrom-26.

El género deberá sernos entregado antes de la última fecha del mes de
noviembre próximo. En caso de demora nos acogeremos al dto. del 2 % que
Vds. consignan en su apartado Condiciones.

No tenemos inconveniente en aceptar la forma de expedición propuesta por el Sr. Montero (ferrocarril g.v., en Oviedo) y también el pago de
la fra. por letra a 60 d/f.

Les rogamos que acusen recibo de este pedido y, en espera de sus noticias, les saludamos atentamente,

José Luis de Haro

JLH/pc

Modelo 3: *carta-nota de pedido*

DIPENSOL, S. A.
Bécquer, 78
08205 Sabadell

1 de diciembre de 199...

Sres. Ribas y Mansart
San Andrés, 95
08760 MARTORELL

Estimados señores:

Les solicitamos el envío de las siguientes mercancías:

— 45 unidades ref. 478-NA, a 789 ptas. c.u.;
— 70 unidades ref. 372-PH-45, a 968 ptas. c.u.;
— 125 unidades ref. 3-1.500-PL, a 1.173 ptas. c.u.

Les recordamos que deberán girar a nuestro cargo, a 30 d/f, el importe de la remesa, que esperamos recibir en la forma acostumbrada y con la mayor prontitud desde la recepción de esta orden.

Confiando en su aceptación y pronta entrega, les saludamos muy atentamente,

DIPENSOL, S. A.

Ignacio Puig

Jefe de Compra

IP/rl/24CC

Modelo 4: *carta de pedido referida a catálogo*

CALZADOS CHACÓN
Organista Ros, 89
40002 Segovia

Segovia, 27 de mayo de 199...

Industrial Sanchís, S. A.
Pza. Mayor, 75
03002 ALICANTE

Señores:

Tenemos el catálogo «Oferta Especial» correspondiente a la próxima campaña Otoño-Invierno. Con la seguridad de que los géneros tendrán la calidad y el acabado que hasta el momento ha caracterizado sus prendas, agradeceremos que dispongan que, cuanto antes, nos sean remitidos los siguientes modelos y medidas:

— 6 pares Cab. modelo «Condé», ref. 30/456, ns. 38 (2 pares), 39, 40 (2 pares) y 41;
— 6 pares Sra. modelo «Saison», ref. 27/352, ns. 35 (2 pares), 36 (2 pares) y 37 (2 pares);
— 6 pares Cab. modelo «Yatchman», ref. 30/264, repitiendo ns. y cantidades arriba expresados;
— 6 pares Cab. modelo «Executive», ref. 31/574, repitiendo ns. y cantidades arriba expresados;
— 6 pares Sra. modelo «Rivelino», ref. 36/539, repitiendo ns. y cantidades arriba expresados.

CONDICIONES. Consideramos las cotizaciones consignadas en el citado «Catálogo de Ofertas» y atenderemos debidamente el pago mediante un giro a ntro. cargo a 60 d/f.

EXPEDICIÓN. Agradeceremos que efectúen el envío por mediación de SEGUR, remitiendo los géneros debidamente protegidos y etiquetados. Les rogamos que atiendan nuestro pedido cuanto antes, a fin de poder iniciar la campaña con la necesaria puntualidad.

Les saludamos atentamente,

Hijos de José M.ª Chacón

Modelo 5: *nota breve de pedido*

Joan Clavell Puig
San Esteban, 37
08400 Granollers

15 de febrero de 199...

Hijos de Juan Mendizábal, S. L.
Herreros, 18
01001 VITORIA

Rogamos que tomen nota del siguiente pedido, cuyo envío inmediato nos permitimos encarecerles:

    5 disparadores de rotor n.º 327, cal. 12;
10 retenes de recorrido, ref. n.º 127-I;
10 retropulsadores bitensión, ref. EBON 36.

Como es habitual en nuestras relaciones, el transporte se hará por ferro-carril, a entregar en Granollers, y el pago se atenderá por letra a 45 d/f con bonificación del 1 %.

Atentos saludos de

Joan Clavell

R

Recibo

<u>Modelo 1:</u> *recibo tipo*

Barcelona, 31 de mayo de 199...

(TIMBRE)   RECIBÍ del Sr. Jaime Cuesta, la cantidad de
<u>125.000 ptas.</u> (ciento veinticinco mil) en concepto de
pago por el importe de n/factura de repaso de fecha
3 de este mes.

A. Farroll

SON: CIENTO VEINTICINCO MIL PESETAS

Reclamaciones

Modelo 1: *reclamando un envío demorado*

Luis Palomares Luque
Quintana, 43
33600 Mieres

11 de diciembre de 199...

Comercial Fortes
Martín Arias, 129
28019 MADRID

Señores:

El pedido efectuado a su representante el pasado mes de agosto, y que debió ser entregado a mediados de septiembre, no ha sido recibido aún en mi establecimiento. Por tratarse de prendas de abrigo y estar muy avanzada la temporada, me veo en la obligación de indicarles que deberán dar el mismo por anulado, ya que las ventas que pudieran realizarse hasta el término de esta campaña no serían suficientes para cubrir el importe de los géneros ni, en consecuencia, rentables para mis intereses.

Confiando en que sabrán tomar buena nota de esta carta, les envío atentos saludos,

LUIS PALOMARES

Modelo 2: *denunciando la baja calidad de los géneros recibidos*

NOVEDADES Y ARTÍCULOS DE PIEL
Herminia Soto y Cía.
Panaderos, 75
42200 Almazán

12 de febrero de 199...

Sres. Barceló y Colom
Orell, 79
07006 PALMA DE MALLORCA

Señores:

Recibimos los géneros correspondientes a la orden n.º 12.741, del pasado 30 de noviembre.

Todos los artículos recibidos merecen nuestra conformidad, con excepción de los bolsos y monederos del mod. «Gaudí», en los que hemos observado notables diferencias con respecto a las muestras exhibidas por su viajante. Están confeccionados con una piel de menor grosor y la calidad del acabado es, asimismo, muy inferior.

Esperamos sus instrucciones para la devolución de las citadas mercancías, cuyo importe procederemos a deducir de su factura n.º 2.079 A1, a no ser que en los precios para éstas cotizados puedan aceptar una mejora del 30 %, lo que permitiría ofrecerlas como de calidad intermedia.

A la espera de sus prontas noticias, les saludamos atentamente,

NOVEDADES Y ARTÍCULOS DE PIEL

Herminia Soto

Reclamación por errores en la facturación

Modelo 1: *reclamación tipo*

Lugar y fecha

Compañía de Electricidad
Sección Lecturas

Sr. Jefe de Sección:

En el recibo emitido por Uds. con fecha ..., a mi nombre, y por el consumo del piso situado en la calle ..., número ..., piso y puerta ..., de la localidad de ..., han facturado un total de 758 KWH. Esta cifra no guarda ninguna relación con la media habitual de nuestro consumo por bimestre, que no alcanza los 185 KWH.

Le ruego que disponga la comprobación necesaria de la cifra y del contador, dada esa diferencia enorme.

En espera de sus noticias, reciba mis saludos.

(firma)

Nombre y apellidos ....
Domicilio ....
Referencia (o Número de control) ....

Reclamaciones por impago

<u>Modelo 1:</u> *reclamando un pago no atendido*

JAVIER ARAGONÉS E HIJOS
Botonería, 21
28012 Madrid

17 de octubre de 199...

Sr. Nicolás Cañizares
Polvillo, 46, 2.º
28923 ALCORCÓN

Señor:

Lamentamos tener que recordarle que su cuenta arroja un saldo a nuestro favor de <u>97.500 ptas.,</u> cuyo importe le fue desglosado en nuestra carta del 15 de septiembre pasado, en la que le indicábamos además que, de acuerdo con nuestras condiciones de ventas, que en su día Vd. aceptó, urgía la inmediata liquidación de dicho adeudo.

No dudamos de que esta demora será debida a un error involuntario de su parte, y le rogamos que haga efectiva lo más pronto posible la cantidad arriba mencionada.

Atentamente,

JAVIER ARAGONÉS E HIJOS

Director

Modelo 2: *última reclamación de cobro*

JAVIER ARAGONÉS E HIJOS
Botonería, 21
28012 Madrid

1 de diciembre de 199...

Sr. Nicolás Cañizares
Polvillo, 46, 2.º
28923 ALCORCÓN

Señor:

Al persistir Vd. en su silencio, hemos tenido que trasladar a nuestro abogado, Sr. Ramiro Duarte Cobos, domiciliado en la calle San Gregorio, 78, piso 3.º, de Madrid, la orden de iniciar las oportunas diligencias legales para que se haga efectivo el saldo a nuestro favor de Ptas. 97.500, no habiendo atendido Vd. nuestras anteriores reclamaciones.

En consecuencia, para todo lo relacionado con la liquidación del mismo deberá Vd. acudir directamente al citado letrado.

Atentamente,

JAVIER ARAGONÉS E HIJOS

Modelo 3: *notificando proceder al cobro de una letra por vía legal*

INDUSTRIAS MÉNDEZ E HIJOS
Ramón y Cajal, 76
29014 Málaga

                                        28 de marzo de 199...

Sres. Lara y Serrano
Candelaria, 80
29007 MÁLAGA

Señores:

   Habiéndonos sido devuelto por impagado el segundo giro librado a su cargo para reembolsarnos del importe de nuestra factura n.º 786, cuya puesta en circulación les había sido anunciada en nuestra carta del 5 de febrero pasado, y ante su continuado silencio, con esta carta les damos cuenta de haber trasladado el asunto a nuestro abogado, con instrucciones de que inicie las oportunas diligencias para proceder a dicho cobro por vía judicial.
   Lamentamos sinceramente tan enojosa situación y, además, queremos hacerles saber que no dejaremos de dar cuenta de su proceder siempre que nos corrresponda informar acerca de su comportamiento comercial.
   Atentamente,

                     INDUSTRIAS MÉNDEZ E HIJOS

                          Fco. Méndez Ruiz

                              Gerente

Respuestas a clientes y proveedores

Modelo 1: *respuesta a una anulación de fabricación*

PIÑEIRO Y CASTRO, S. L.
Especialidades del Caucho
Aranda, 23
15409 El Ferrol

14 de julio de 199...

Válvulas Industriales, S. A.
Nicaragua, 24
15705 SANTIAGO DE COMPOSTELA

Señores:

Correspondemos a su carta del 9 de este mes, recibida hoy, y con la presente les comunicamos haber suspendido inmediatamente la fabricación de las piezas indicadas en la misma. Afortunadamente, ha sido posible retirarlas a tiempo de la programación, ya que teniendo en cuenta la fecha prevista para el cumplimiento del pedido en el que estaban incluidas, todavía no se había cursado a la oficina de fábrica la correspondiente orden interna.

Aprovechamos la ocasión para informarles de que el resto del pedido les será servido dentro de este mes.

Nos satisface que este incidente haya podido resolverse sin cargo alguno y esperamos planos e instrucciones para la fabricación de las piezas modificadas.

Reciban atentos saludos de

PIÑEIRO Y CASTRO, S. L.

JP/YH

Modelo 2: *respuesta a solicitud de oferta*

TALLERES MELCHOR Y ROBLES, S. L.
Palencia, 60
21001 Huelva

29 de mayo de 199...

Sr. Carlos Ramírez, S. L.
Mayor, 12
21290 JABUGO

Estimados señores:

Agradecemos su carta del 18 de este mes y nos complace adjuntarles nuestro catálogo y nuestra vigente lista de precios.

Asimismo les informamos, contestando su consulta, que es efectivamente posible introducir en los materiales las modificaciones que se sirvan indicarnos, siempre y cuando las mismas no afecten a las características constructivas o a las prestaciones esenciales (peso, potencia etcétera).

Podemos beneficiarles además con un descuento a convenir, hasta un máximo del 5 %, según la importancia de los pedidos, más un descuento de caja del 2 % para los pagos efectuados a 30 días.

Agradecemos su atención por la confianza que nos han demostrado y quedamos gustosamente a su disposición.

Reciban atentos saludos de

TALLERES MELCHOR Y ROBLES, S. L.

Apoderado

FR/MJ
Anexo: 1 catálogo
        1 lista de precios

Respuestas a reclamaciones

Modelo 1: *respuesta a una reclamación por un error de expedición*

COMERCIAL ARRESE, S. A.
Zuricalday, 131
48004 Bilbao

15 de marzo de 199...

Ramón Benítez e Hijos
Alameda, 13
24400 PONFERRADA

Estimados clientes:

Lamentamos profundamente que, a causa de un error accidental, cometido, en efecto, al proceder a etiquetar los embalajes, les hayan sido remitidos los géneros que en realidad estaban destinados al Sr. Antonio Velarde,
con domicilio en Puente Costales, n.º 12, 15007 La Coruña.

Dicho señor se encuentra en su misma situación, ya que las mercancías
que le han sido expedidas corresponden a la orden por Vds. cursada.

Con la intención de resolver con las menores molestias para ambos la situación que se ha producido, agradeceríamos que reexpida el pedido a La
Coruña, a la dirección indicada anteriormente, a portes pagados y adjuntando la factura. Hemos dado instrucciones al citado Sr. Velarde, para que
haga lo propio con el que, por error, le ha sido dirigido.

En el próximo cargo les serán abonados los gastos ocasionados por estas
diligencias, que hemos determinado pensando actuar en el mejor interés de
los dos.

Les rogamos que acepten nuestras excusas y, confiando en su aprobación, les saludamos atentamente,

COMERCIAL ARRESE, S. A.

Ventas y Distribución

IG/RL

Modelo 2: *respuesta a una reclamación por el protesto de una letra*

Ignacio Planas Cortés
Balari, 19
08030 Barcelona

12 de octubre de 199...

Productos Alfa, S. A.
Pje. Feliu, s/n.
08032 BARCELONA

Señores:

Con esta carta respondo a la suya del 7 de este mes y les ruego que disculpen lo sucedido.

Un lamentable descuido por mi parte hizo que, sabiendo que debía ausentarme de mi domicilio el día del vencimiento de su letra, no dejase instrucciones para satisfacerla, como era mi propósito.

En el día de hoy he cursado órdenes a mi banco para que efectúen una transferencia a su favor por la cantidad reclamada, y les ruego que además me comuniquen el importe de los gastos, a fin de proceder también a su reembolso.

Espero que Vds. sabrán disculpar esta omisión, ajena por completo a mis intenciones, y lamento sinceramente todas las molestias que la misma haya podido ocasionarles.

Aprovecho la ocasión para saludarles atentamente.

Ignacio Planas Cortés

S

Solicitudes

<u>Modelo 1:</u> *solicitando oferta de precios antes de cursar pedido*

Comercial SANTOS
Polígono Industrial, C-27
41007 Sevilla

Sevilla, 18 de noviembre de 199...

Cía. de Drogas y Pinturas, S. A.
Apdo. de Correos 1.740
20600 EIBAR

Señores:

Rogamos que nos remitan cuanto antes precios para el suministro de 1.500 kg de pintura blanca «DROPISA-COCINAS», envasada en botes de 1/2 kg y 1 kg.

Habiendo examinado la muestra que dejó en nuestro poder su agente Sr. Andújar en su última visita, consideramos que el género puede tener una excelente salida entre el público habitual de nuestro establecimiento. Por este mismo motivo, y al objeto de hacer viable el éxito de la operación, en beneficio común les agradeceremos que procuren cotizarlo a sus precios más reducidos.

Al formular su oferta, deberán especificar además condiciones, plazos de entrega y forma de expedición.

En espera de su pronta contestación, les enviamos atentos saludos,

Comercial SANTOS

Modelo 2: *nota breve solicitando oferta*

FERRETERÍA Y ACCESORIOS
Casañas, 75
43850 Cambrils

11 de abril de 199...

Sres. Oliva y Urpí, S. L.
Cehegín, 8
08303 MATARÓ

Señores:

Les rogamos que nos remitan su catálogo de herramientas y equipos para jardinería y horticultura, así como información completa sobre precios y entregas.

Atentos saludos,

FERRETERÍA Y ACCESORIOS

Joan Castelló

Contabilidad y Compras

Modelo 3: *carta-formulario para solicitar oferta de géneros y servicios*

COOPERATIVA DE PIENSOS Y HARINAS
Avda. del Ferrocarril, 12-14
25001 Lérida

Petición de oferta n.º | fecha

.... | ....

Cía. Agrícola Igualadina
Apdo. de Correos, 785
08203 IGUALADA

Señores:

Les solicitamos el envío de una oferta para el suministro/la ejecución de los géneros/servicios que se detallan:

....
....
....
....
....

FECHA DE ENTREGA: ....
LUGAR Y CONDICIONES DE ENTREGA: ....
....

EMBALAJE Y TRANSPORTE: ....
....

FORMA DE PAGO: ....
....

IMPUESTOS: ....
....

Deberán ofertar indicando precios (por kg o unidad), período de vigencia para los mismos y plazo de entrega, con especificación de otras condiciones particulares o, en su defecto, expresa aceptación de las que se indican en el presente formulario.

Esperando su información, les saludamos atentamente,

COOPERATIVA DE PIENSOS Y HARINAS

Joan Musa Betriu

Jefe de Compras

MB/RH